ABHANDLUNGEN ZUR SPRACHE UND LITERATUR
Herausgegeben von Richard Baum und Frank-Rutger Hausmann
unter Mitwirkung von Jürgen Grimm

103

SONDERWEGE IN DIE NEUZEIT

Dialogizität und Intertextualität in der
spanischen Literatur
zwischen Mittelalter und Aufklärung

Herausgegeben von
Wolf-Dieter Lange und Wolfgang Matzat

Romanistischer Verlag
Bonn 1997

Die Deutsche Bibliothek — CIP-Einheitsaufnahme

Sonderwege in die Neuzeit : Dialogizität und Intertextualität in der spanischen Literatur zwischen Mittelalter und Aufklärung / hrsg. von Wolf-Dieter Lange und Wolfgang Matzat. - Bonn: Romanistischer Verl. 1997
  (Abhandlungen zur Sprache und Literatur: 103)
  ISBN 3-86143-061-4
NE: Lange, Wolf-Dieter [Hrsg.]; GT

Romanistischer Verlag
Hochkreuzallee 46, 53175 Bonn

Copyright by Wolf-Dieter Lange and Wolfgang Matzat

Alle Rechte vorbehalten
ISBN 3-86143-061-4
ISSN 0178-8515

Inhalt

Vorwort 7

Georges Güntert
Dialogizität in den *Novelas ejemplares: Las dos doncellas* 11

Manfred Hinz
Gracián, Velleius Paterculus und die *aemulatio* 25

Helmut C. Jacobs
Der Roman *Viages de Enrique Wanton a las tierras incógnitas australes y al país de las monas* von Gutierre Joaquín Vaca de Guzmán im Kontext der utopischen Reisebeschreibungen des 18. Jahrhunderts 45

Wolfgang Matzat
Dialogizität und Marginalität im Roman des Siglo de Oro 67

Gerhard Penzkofer
Die *aventure* des Romans: Roman und Novelle in Martorells *Tirant lo Blanc* 83

Maren Schmidt-von Essen
Pietro Bembo und Spanien: Ein Beispiel italienisch-spanischer Wechselbeziehungen im Cinquecento 105

Vorwort

Die in dem vorliegenden Band enthaltenen Beiträge sind im Rahmen einer Sektion des Bonner Hispanistentags im Frühjahr 1995 entstanden, deren Titel „Sonderwege in die Neuzeit – Dialogizität und Intertextualität in der spanischen Literatur (1500-1800)" lautete. Dieser Titel enthält zwei Thesen: Er will einerseits zu verstehen geben, daß die spanische Kultur innerhalb des neuzeitlichen Europas einen Sonderweg beschritten hat, andererseits, daß dieser Sonderweg zu besonderen Formen der literarischen Dialogizität und Intertextualität geführt hat.

Die Rede von einem spanischen Sonderweg ist nicht unproblematisch, setzt sie doch voraus, daß es einen normalen europäischen Weg gegeben hat. Dem kann man natürlich entgegenhalten, daß bei genauerer Betrachtung alle europäischen Kulturen ihren besonderen Weg genommen haben, so daß der spanische Weg letzlich nur ein 'Sonderweg' unter anderen wäre. Trotz solcher Vorbehalte lassen sich jedoch einige historische Faktoren anführen, welche die Sonderstellung Spaniens innerhalb Europas akzentuieren: so z.B. die enge Berührung mit der arabischen Kultur im Mittelalter, die Vorreiterrolle bei der Entdeckung und Kolonisierung Amerikas, die rasche Entwicklung des spanischen Staatswesens und einer es tragenden Ideologie im Zuge von Reconquista und Conquista und der sich anschließende ebenso rasche Stagnationsprozeß. Aufgrund dieser Faktoren, die zumindest teilweise mit der geographischen Randlage Spaniens zusammenhängen, lassen sich zwei für die spanische Kultur charakteristische Aspekte hervorheben. Einerseits hat Spanien im ausgehenden Mittelalter und in der frühen Neuzeit eine besondere Mittlerfunktion zu fremden Kulturen; andererseits ist seine Entwicklung durch eine besonders ungleichmäßige Geschwindigkeit geprägt, wobei die viel beschworene Rückständigkeit Spaniens im Konzert der europäischen Staaten zumindest in einigen Bereichen jäh in einen Vorsprung umschlagen konnte.

Zur Frage der Dialogizität muß wie im Hinblick auf den spanischen Sonderweg zunächst gesagt werden: Alle Kulturen sind hybrid, und alle Kulturen sind dialogisch. Doch legen die gerade genannten Aspekte für Spanien die Annahme eines besonderen Ausmaßes der kulturellen Hybridisierung und einer aus ihr erwachsenden Dialogizität nahe. Die aus dem Mittelalter ererbte kulturelle Heterogenität bleibt bis ins Siglo de Oro ein markantes Faktum und ist zugleich ein Grund dafür, daß die spanische Monarchie zusammen mit einer Reihe führender gesellschaftlicher Sektoren emphatisch die Homogenisierung der Kultur betrieb. Der Wechsel von Rückständigkeit und rascher Beschleunigung fördert die Gleichzeitigkeit des Ungleichzeitigen und ein besonders ausgeprägtes Spannungsverhältnis von progressiven und regressiven kulturellen Tendenzen. Beides, die Auseinandersetzung mit der gesellschaftlichen Heterogenität und das ungleichmäßige Entwicklungstempo, betrifft nicht nur die interne Dialogizität der spanischen Kultur, sondern prägt natürlich auch den kulturellen Dialog mit dem übrigen Europa, wobei im Hinblick auf den literarischen Teil dieses Dialogs Italien und Frankreich als die wichtigsten Partner zu nennen sind. Auch hier ist ein entsprechend bewegter Wechsel im Verhältnis von Geben und Nehmen feststellbar. Während die spanische Literatur zu Beginn der Renaissance dem Import vor allem italienischer Paradigmen – der petrarkistischen Lyrik, der Novellistik, der Schäferliteratur, der *commedia erudita* – entscheidende Impulse verdankt, werden die erzählenden Gattungen des Siglo de Oro, in denen die Rezeption und Transformation der rezipierten Muster die größte Dynamik entwickelten, zunehmend zum Exportschlager, bevor sich in der Aufklärung die Richtung des intertextuellen Kommunikationsflusses erneut umkehrt und Spanien wieder vor allem die Rolle des Rezipienten einnimmt.

Naturgemäß konnte von den Beiträgen einer einzelnen – zudem eher schmalen – Sektion nicht erwartet werden, den evozierten Fragehorizont auszuschreiten. Doch sind sie alle so angelegt, daß sie die durch den Sektionstitel vorgegebenen Thesen reflektieren, illustrieren oder auch in Frage stellen. Der überwiegende Teil behandelt die dialogische und intertextuelle Evolution der narrativen Gattungen vom Beginn der Neuzeit bis ins 18. Jahrhundert. Gerhard Penzkofers Untersuchung zu Martorells *Tirant lo Blanc*, die sich auf einen wichtigen Anfangspunkt dieser Evolution bezieht, und Georges Günterts Aufsatz zu Cervantes' *Novelas ejemplares* haben gemeinsam, daß sie die untersuchten Texte als Beispiele eines Dialogs von narrativen Formen lesen, für den sich in der englischsprachigen Kritik die Begriffsopposition *novel* vs. *romance* eingebürgert hat und den man – u.a. ausgehend von Erich Auerbach und Michail M. Bachtin – als Dialog zwischen den hohen und den niederen bzw. komischen Formen der narrativen Gattungen bezeichnen kann. So zeigt Gerhard Penzkofer, wie schon in *Tirant lo Blanc*, mehr als hundert Jahre vor dem *Quijote*, das geschlossene Weltmodell des Ritterromans parodistisch zersetzt wird, wobei er hierfür vor allem den Einfluß der italienischen Novellistik geltend macht. Georges Güntert hingegen beleuchtet in seiner Untersuchung zum Dialog der Diskurse in Cervantes' *Dos doncellas* einen Moment, an dem sich das Verhältnis von *novel* und *romance* umkehrt. Eine explizite Verbindung zwischen dieser Dialogizität des frühneuzeitlichen Erzählens in Spanien und dem Sektionstitel stellt der Beitrag von Wolfgang Matzat her, indem er ausgehend von den zentralen Paradigmen des Romans des Siglo de Oro, dem Schäferroman, dem pikaresken Roman und dem *Don Quijote*, die Frage aufwirft, inwiefern der Dialog von Gattungen, Stilebenen und Diskursen als Ausdruck kultureller Spannungsverhältnisse – von Heterogenität und Homogenisierungsdruck, von Evasionbedürfnis und Affirmation einer nationalen Kultur – zu begreifen ist, die aus der spanischen Sonderstellung resultieren. Helmut C. Jacobs' Untersuchung zu einem utopischen Reiseroman des 18. Jahrhunderts schließlich ist beispielhaft für den Umschlag der intertextuellen Verhältnisse, da nun Spanien als Stammland der erzählenden Gattungen seine Version des aufklärerischen Romans auf der Basis englischer, französischer und – in dem untersuchten Fall vor allem – italienischer Vorbilder entwickelt. Auch die Themen der beiden verbleibenden Beiträge behandeln literarhistorische Fallbeispiele, an denen der besondere Status der spanischen Kultur zutage tritt. Maren Schmidt-von Essen untersucht am Beispiel von Pietro Bembo den Dialog zwischen der italienischen und spanischen Literatur und fördert bei dem Italiener ein wohl sehr bezeichnendes Schwanken zwischen der Faszination durch den politisch so mächtigen Nachbarn und einem kulturellen Überlegenheitsgefühl zutage. Mit seiner Darstellung von Baltasar Graciáns Entwicklung des *aemulatio*-Konzepts im Anschluß an den römischen Historiker Velleius Paterculus lenkt Manfred Hinz den Blick auf das häufig übersehene innovative Moment der spanischen Barockästhetik, freilich im Rahmen einer nicht auf Spanien beschränkten Jesuitenkultur, und bietet damit ein prägnantes Beispiel für die Gleichzeitigkeit progressiver und konservativer kultureller Tendenzen im Kontext des Siglo de Oro.

Die Veröffentlichung des Bandes wurde durch die freundliche Bereitschaft der Herausgeber der Reihe „Abhandlungen zur Sprache und Literatur", namentlich Herrn Prof. Dr. Frank-Rutger Hausmann, und durch einen Druckkostenzuschuß des Deutschen Hispanistenverbandes ermöglicht. Die Redaktion wurde von Herrn Alexander Dobler unter Mitarbeit von Frau Catalina Rojas-Hauser, Frau Anne Löcherbach und Herrn Stefan Schreckenberg besorgt. Ihnen allen wollen wir herzlich danken.

Bonn, im September 1996　　　　　　　　　　　　Wolf-Dieter Lange
　　　　　　　　　　　　　　　　　　　　　　　　Wolfgang Matzat

Georges Güntert

Dialogizität in den *Novelas ejemplares*: *Las dos doncellas*

Beim globalen Betrachten der *Exemplarischen Novellen* fällt auf, wie oft Cervantes – sei es in der Konzeption des Erzählgeschehens, sei es in der Gestaltung der Titel – duale Strukturen verwendet. Seine Vorliebe für die Zweizahl scheint von einer ironisch geprägten Tendenz zum relativierenden Vergleichen herzurühren.[1] Aus der Nähe betrachtet erweisen sich die zwölf Erzählungen jedoch als in vielfacher Hinsicht derart verschieden, daß jede einzelne von ihnen, wollte man ihr gerecht werden, eine spezifische eingehende Lektüre erfordern würde. In der folgenden Übersicht, die als Einleitung gedacht ist, halte ich mich ausschließlich an das Kriterium der Zweierstrukturen.

In drei Novellen – *La gitanilla, El amante liberal* und *La española inglesa* – wird uns die Geschichte eines Liebespaares erzählt, das sich seine eigene Wertordnung schafft. Diese entspricht keinem der gesellschaftlichen Wertsysteme, denen die beiden Liebenden durch Herkunft oder Erziehung verbunden wären. Der individuelle Diskurs des Paares unterscheidet sich deutlich von den sozial-ökonomischen oder ethnisch-religiös geprägten Diskursen des Kollektivs. Ähnliches gilt für die zwei Halbwüchsigen in *Rinconete y Cortadillo*, die sich so lange ihrer Freiheit erfreuen, als sie sich weder in die bürgerliche, noch in die verbrecherische Gesellschaft Monopodios einordnen. Die Adoleszenz ist indes von kurzer Dauer, und es bleibt offen, ob die beiden ihr „buen natural" bewahren können. In den vier bisher genannten Erzählungen ist deutlich erkennbar, daß eine analogische Beziehung zwischen der figurativ-relationalen Ebene einerseits und der durch die Dialogizität bestimmten Diskursebene anderseits besteht. Für die verbleibenden acht Novellen, die keine so evidenten Analogien erkennen lassen, müssen wir uns vorerst mit kurzen Definitionsversuchen begnügen.

In *La ilustre fregona* begegnen wir zwei jungen Männern auf der Suche nach dem Glück, was diese auf sehr unterschiedliche Weise bewerkstelligen, und in *Las dos doncellas* folgen zwei junge Damen den Spuren ihres Geliebten, der sich nach Italien absetzen will. In beiden Erzählungen müßten sowohl die charakterlichen als auch die ideologischen Unterschiede zwischen

---

[1] Vgl. dazu: Georges Güntert, *Cervantes. Novelar el mundo desintegrado*, Barcelona 1993, S. 200-204. Auch für die Novellen *La gitanilla, El amante liberal, La española inglesa, La fuerza de la sangre, La señora Cornelia* und *El celoso extremeño* verweise ich auf die in diesem Buch vorgelegten Interpretationen.

den Hauptdarstellern herausgearbeitet werden, weil die Sinngebung durch diese Differenzierung bestimmt wird. Im Happy-End von *La señora Cornelia* und *La fuerza de la sangre* konstituiert sich wiederum je ein Liebespaar. In diesen beiden an sich disparaten Geschichten wird die Heldin Mutter, bevor ein gesellschaftlich anerkannter Ehevertrag zustandekommt. Doch nicht so sehr die Suche nach dem verschwundenen Partner kennzeichnet diese Erzählungen als vielmehr der Vergleich unterschiedlicher Verhaltensweisen, die bald geschlechterspezifisch, bald soziologisch motiviert sind. Impulsiv handelnde Männer und klug operierende Frauen führen das Geschehen in *La fuerza de la sangre* (nach einer glücklichen Fügung, die man – je nachdem – als gütiges Eingreifen der Vorsehung oder als kompositorischen Kunstgriff bezeichnen wird), zu einem für alle befriedigenden Ende. In der Intrige von *La señora Cornelia* sind verschiedene Gesellschaftsschichten – spanische und italienische Adelige sowie deren Dienerschaft – beteiligt, was zu einer tragisch-komischen Stilmischung führt. Die Ablösung des tragischen durch den komischen Diskurs und die damit verbundene Desillusionierung betont nicht zuletzt den Novellencharakter. Auch im Zentrum von *El celoso extremeño* und *El casamiento engañoso* steht je ein Paar, dessen Verbindung jedoch sich als nicht dauerhaft erweist. Im einen Fall ist es der Altersunterschied, der die Kommunikation zwischen Mann und Frau erschwert, wobei der alte Carrizales, *weil* er dem Gesellschaftsdiskurs verhaftet bleibt, den Weg zu Leonora auch zuletzt nicht findet. Im andern Fall ist es die beiderseits gehegte betrügerische Absicht, welche eine über das Geschlechtliche hinausgehende Beziehung verunmöglicht. Im *Casamiento* finden wir folglich zweimal denselben, d. h. im Grunde nur einen einzigen Diskurs, und in dieser Hinsicht bildet die Novelle eine signifikante Ausnahme. Das Fehlen eines Gegendiskurses kann als deutliches Indiz für den Rahmencharakter dieser Erzählung interpretiert werden. Im satirischen *Coloquio de los perros* schließlich finden wir zwei sprechende Hunde mit verschiedenartiger Erzählfunktion: der eine erzählt aus seinem Leben, der andere kommentiert dessen Lebensbericht und die darin angewandte Erzählweise. Der pikaresk konzipierten Gesellschaftssatire steht hier ein magisch-poetischer Diskurs gegenüber, da die sprechenden Tiere ihre plötzlich erlangte Ausdrucksfähigkeit magischen Einflüssen zuschreiben.[2] So verschieden die sieben Erzählungen dieser zweiten Gruppe sein mögen und so schwierig es ist, sie in wenigen Worten zu charakterisieren, das Spiel mit dualen Strukturen ist allen gemeinsam.

---

[2] Darüber mehr bei Francisco J. Sánchez, *Lectura y representación. Análisis cultural de las Novelas ejemplares de Cervantes*, Bern 1993, besonders Kap. III, S. 149-180.

Eine Ausnahme scheint lediglich die zwölfte Novelle, *El licenciado Vidriera*, zu bilden. Wir haben es hier mit einem männlichen Einzeldarsteller zu tun, der jedoch das Opfer einer Bewußtseinsspaltung wird und vorübergehend dem Wahnsinn verfällt. Diese Begebenheit wirkt sich auf die ihrerseits 'gespaltene' – teils biographische, teils parämiologische – Erzählform aus, wobei aber zu bedenken ist, daß die stilistisch heterogenen Sequenzen ein und derselben Erzählinstanz untergeordnet sind. Die im Text angelegte Dualität beschränkt sich also nicht auf diesen Stilunterschied. Ein weiterer Punkt ist zu beachten: In seinem Leben widmet sich der Held abwechslungsweise den *armas* oder den *letras*, und es gelingt ihm nie, diese Tätigkeiten – wie es das Renaissanceideal erfordert – harmonisch zu vereinen. Es scheint, als wolle die Novelle zeigen, daß der vielgepriesene Mythos des *Cortegiano* in der Aktualität – im Spanien von 1600 – nicht mehr verwirklicht werden kann. Wollte man nun eine Beziehung zur Diskursebene herstellen, so müßte im Text zunächst das Neben- oder Gegeneinander eines mythischen und eines historischen Diskurses aufgezeigt werden können. Ein solches Gegeneinander erkennt man, wenn man die italienische Reise des Tomás Rueda als eine *mise en abyme* liest und die mythische Beschreibung Roms mit der relativierenden Venedigs vergleicht.[3] Von der Lagunenstadt heißt es, sie sei vor der Entdeckung Amerikas einzigartig gewesen; nun aber habe sie in der neuen Welt, in der ebenfalls auf dem Wasser gebauten Stadt Mexiko, eine Rivalin. Die Arsenale Venedigs, die Waffenschmieden Mailands und das in der Gegenreformation zu einem bedeutenden Wallfahrtsort herangewachsene Loreto erscheinen in diesem Reisebericht als Stationen des historischen Diskurses, ganz im Gegensatz zu Rom, Neapel oder Sizilien, welche superlativisch-absolut, d.h. mythisch, gezeichnet sind. Die Unverträglichkeit von mythischem Anspruch und historischer Bedingtheit zeigt sich in der Unmöglichkeit, dem Ideal der *armas y letras* in der Gegenwart nachzuleben. Der *Licenciado Vidriera* behandelt eine Problematik, die auch im *Don Quijote* eine zentrale Rolle spielt: auch dort verhindern die historischen Gegebenheiten die Verwirklichung des literarischen Ideals.

Das Zahlwort 'zwei' erscheint indes nur in einem einzigen Titel: *Las dos doncellas*. In Anbetracht der bisher angestellten Überlegungen dürfte sich eine Interpretation dieser Novelle hinsichtlich des kompositorischen Dualprinzips als besonders fruchtbar erweisen. Dabei wird die Analyse von der figurativen auf die relationale Ebene ausgeweitet werden müssen, da

---

[3] Vgl. dazu unseren noch unveröffentlichten Aufsatz: „*El licenciado Vidriera*: Función y significado del 'viaje a Italia'", der in den Kongressakten des *VI Congreso Internacional de la Asociación española de semiótica* (Murcia, 21.-24. November 1994) erscheinen wird.

Strukturen auf der Handlungsebene nicht erfaßbar sind. Vor allem aber wird zu prüfen sein, ob auch in dieser Novelle eine analogische Beziehung zwischen Aussage (= énoncé) und Aussageprozess (= énonciation) gefunden werden kann.[4]

Die Erzählung *Las dos doncellas*, in der zwei junge Damen aus Andalusien auf denselben Liebhaber Anspruch erheben, heimlich von zu Hause ausreißen und als Männer verkleidet diesem bis nach Barcelona folgen, ist von Jennifer Thompson und Juan Bautista Avalle-Arce mit den pastoralen *cuestiones de amor* in Verbindung gebracht worden.[5] Tatsächlich wird man sich zunächst vergewissern wollen, welche der beiden *doncellas* das größere Anrecht auf den Geliebten hat. Allgemein formuliert geht es um die Klärung der Frage, ob die beiden Frauen, die vieles gemeinsam haben, sich in einer gleichen oder in einer ungleichen Lage befinden, bzw. ob der Zweizahl in dieser Novelle eine duplizierende oder eine antithetische Funktion zukommt. Beim genauen Beurteilen des Sachverhaltes wird man feststellen, daß Marco Antonio nur die eine, nämlich Teodosia, verführt hat und daß sich die Beziehung zur andern in Grenzen hielt, obwohl dieser schriftlich – in einer Urkunde, die auf der Reise verloren geht – die Ehe versprochen wurde. Teodosia hingegen besitzt einen Ring, auf dem der Name ihres Verlobten eingraviert ist.

Nach Teodosias Auffassung hat Leocadia weder ein Anrecht auf Marco Antonio noch einen Grund zur Rache, denn „donde no hay agravio, no viene bien la venganza" (S. 147). Ihre Überlegung gründet auf den Normen des Ehrenkodex, der für die Oberschicht der spanischen Gesellschaft verbindlich ist. Wer den diesen Normen zugrundeliegenden Wahrheitsbegriff kritiklos übernimmt, wird Teodosia zustimmen. Zu bedenken ist aber, daß die Kenntnis des Sachverhalts noch nichts über Intensität und Echtheit der Ge-

---

[4] Es werden hier Grundbegriffe der Greimas'schen Terminologie wie „énonciation" und „énoncé" – in deutscher Übersetzung – verwendet. Vgl. auch die spanische Ausgabe des *Dictionnaire raisonné* von Algirdas J. Greimas und José Courtés, *Semiótica. Diccionario razonado de la teoría del lenguaje*, Madrid 1979.

[5] Jennifer Thompson, „The Structure of Cervantes' *Las dos doncellas*", in: *Bulletin of Hispanic Studies* 40 (1963), S. 144-150, und Juan Bautista Avalle-Arce, Einleitung zu Bd. 3 seiner Ausgabe: Miguel de Cervantes, *Novelas Ejemplares*, Madrid 1982, Bd. 3, S. 12-16. Die Seitenzahlen in unserem Text beziehen sich stets auf diese Ausgabe. Außer den bekannten, in Buchform vorliegenden Studien zu den *Novelas ejemplares* von Joaquín Casalduero, Agustín Gonzalo Amezúa y Mayo, Walter Pabst, Ruth El Saffar, Peter Dunn, Julio Rodríguez Luis und neuerdings Francisco J. Sánchez haben wir folgende zwei Aufsätze über *Las dos doncellas* konsultiert: Aída M. Beaupied, „Ironía y los actos de comunicación en *Las dos doncellas*", in: *Anales Cervantinos* 21 (1983), S. 165-176; und Linda Britt, „Teodosia's Dark Shadow? A Study of Women's Roles in Cervantes' *Dos doncellas*", in: *Cervantes* 8 (1988), S. 39-46.

fühle besagt. Erst von dem Moment an, als sich Marco Antonio selbst zu der Angelegenheit äußert, scheint sich die verworrene Lage zu klären. Im Namen Gottes beschwört Leocadia den Schwerverletzten, ihr 'die volle Wahrheit' zu sagen. Da Marco Antonio dem Tod entgegensieht, ist am Wahrheitsgehalt seiner Beichte kaum zu zweifeln. Er spricht so:

> Pero, pues mi corta suerte me ha traído a término, como vos decís, que creo que será el postrero de mi vida, y son los semejantes trances los apurados de las verdades, quiero deciros una verdad que, si no os fuere ahora de gusto, podría ser que después os fuese de provecho. Confieso, hermosa Leocadia, que os quise bien y me quisistes, y juntamente con esto confieso que la cédula que os hice fue más por cumplir con vuestro deseo que con el mío; porque antes que la firmase, con muchos días, tenía entregada mi voluntad y mi alma a otra doncella de mi mismo lugar, que vos bien conocéis, llamada Teodosia, hija de tan nobles padres como los vuestros; y si a vos os di cédula firmada de mi mano, a ella le di la mano firmada y acreditada con tales obras y testigos, que quedé imposibilitado de dar mi libertad a otra persona en el mundo. Los amores que con vos tuve fueron de pasatiempo, sin que de ellos alcanzase otra cosa sino *flores* que vos sabeis, las cuales no os ofendieron ni pueden ofender en cosa alguna; lo que con Teodosia me pasó fue alcanzar el *fruto* que ella pudo darme y yo quise que me diese, con fe y seguro de ser su esposo, como lo soy. (S. 157, meine Hervorhebung)

Indem Marco Antonio zwischen *flores* und *fruto* unterscheidet, argumentiert er ähnlich wie Teodosia: was für ihn zählt, sind weniger die damals gehegten Gefühle als die Fakten. Einem kritischen Leser könnte dieses Geständnis dennoch als fragwürdig erscheinen, denn wäre Marco Antonio die Liebe zu Teodosia wirklich heilig gewesen, hätte er weder eine Liebschaft mit einer andern anfangen noch sich vor der Heirat drücken und die Flucht ergreifen müssen. Doch die Interpretation des Geschehens erfolgt aus der Retrospektive des reuigen Sünders, der im Angesicht des Todes das von ihm begangene Unrecht wiedergutmachen will. Infolge dieses Geständnisses, das Marco Antonio in Gegenwart von Teodosias Bruder ablegt, konstituiert sich *in extremis* das erste Paar. Ein Priester, der die Trauung vornehmen kann, ist auch gleich zur Stelle. Der 'entehrten' Teodosia widerfährt endlich Gerechtigkeit, obschon die Hoffnung, daß ihr Bräutigam überlebe, zunächst gering erscheint. Marco Antonio kommt jedoch mit dem Leben davon und will zum Dank zunächst nach Santiago pilgern, bevor es zurück nach Andalusien geht. In seinem Bekenntnis hat sich ein Wahrheitsverständnis gezeigt, wie es die spanische Gesellschaft sehr wohl kennt: es ist jene höchste Verpflichtung zur Wahrheit, die den Gläubigen vor dem Auge Gottes oder angesichts des Todes zum Sprechen verpflichtet. Spätestens an dieser Stelle erkennt der

Leser, daß die beiden ideologisch analog argumentierenden Figuren nicht nur Teodosias Ehre wegen zusammengehören. Marco Antonio und Teodosia stützen sich auf denselben referentiellen Wahrheitsbegriff, wie er für den gesellschaftlichen Diskurs bezeichnend ist. Sie bilden in der Geschichte das konventionelle Paar.

Besonders die um ihre Ehre kämpfende Teodosia verkörpert den sozialen Diskurs der Oberschicht mit seinen kodifizierten Moralvorstellungen und seinem begrenzten Wahrheitsverständnis. Dies wird im Verlauf der Erzählung mehrmals bestätigt. Gleich zu Beginn der Geschichte bekennt auch sie einem Unbekannten, der sich nachträglich als ihr Bruder herausstellt, die 'Wahrheit'. Im Wirtshaus, in dem die als Mann Verkleidete das einzige Zimmer mit zwei Betten gemietet hat, wird sie zu später Stunde durch eine List gezwungen, das leere Bett einem Fremden zu überlassen. Mit wachsender Neugier belauscht Rafael die nächtlichen Seufzer der ihm zunächst unbekannten Frau. Er bietet ihr ritterlich seine Hilfe an und erfährt so die auch ihn erschütternde „*verdadera* y desdichada historia" (S. 132). Rafael, der nach dieser Enthüllung an seiner Schwester Rache üben müßte, verspricht ihr nach einigem Zögern dennoch, sie auf ihrem Ritt zu begleiten. Einerseits hofft er, den flüchtigen Marco Antonio einzuholen und die Ehre seiner Schwester wieder herstellen zu können; anderseits beweist seine Entscheidung, daß ihm Mitleid und Verständnis mehr bedeuten als die strikte Anwendung gesellschaftlicher Normen.

Teodosia, die sich auf der Reise nach Barcelona Teodoro nennt (beide Namen bedeuten 'Gottesgabe'), beweist ihre vom gesellschaftlichen Habitus geprägte Denkweise zum zweitenmal, als sie den von Räubern überfallenen und inzwischen durch Rafael befreiten Jüngling genau beobachtet und erkennt, daß dessen Ohrläppchen durchbohrt sind: ein sicheres Indiz der Weiblichkeit.

> Teodoro puso ahincadamente los ojos en su rostro y mirándole algo curiosamente, le pareció que tenía las orejas horadadas, y en esto y en un mirar vergonzoso que tenía sospechó que debía de ser mujer, y deseaba acabar de cenar para certificarse a solas de su sospecha. (S. 140)

Und an Leocadia gerichtet, sagt die selbst als Mann Verkleidete:

> De que no seais mujer no me lo podeis negar, pues por las ventanas de vuestras orejas se ve esta verdad bien clara... (S. 142)

Auch diese Art der Wahrheitsfindung beruht auf dem Prinzip der Wahrscheinlichkeit sowie dem Gesetz von Ursache und Wirkung – lauter Überlegungen, wie sie bei der Anwendung des Ehrenkodex zum Tragen kommen.

Calderón hat dies in seinen Ehrendramen sehr wohl erkannt.[6] Die Novelle selbst verschreibt sich in ihrem ersten Teil vor allem dieser Art von Wahrheitsfindung, und dem Leser bietet sich mehr als eine Gelegenheit, seinen Spürsinn zu betätigen: etwa, wenn am Anfang der Erzählung ein junger Reiter außer Atem zu einem Wirtshaus gelangt, seine Weste aufknöpft, beide Arme sinken läßt und in Ohnmacht fällt, so daß ihn die Wirtin wieder zur Besinnung bringen muß. Ein solcher Reisender muß entweder sehr jung oder weiblichen Geschlechts sein. Das Lesen der Wirtshausszenen gerät so zur Detektivarbeit, wobei jedoch diese Art Wahrheitsfindung, die sich auf das *verosimile* stützt und stets nach dem effektiven Sachverhalt fragt, nicht die einzige ist, die uns in dieser Novelle vorgeführt wird. Ein erstes Anzeichen für eine andere, nicht kausalen Denkzwängen verpflichtete Wirklichkeitserfahrung geben uns die beiden Wirtsleute: sie sehen die zwei engelhaften Gestalten kommen und gehen, ohne den genauen Sachverhalt („causa") zu verstehen, sind aber dennoch voll des Staunens („admiración"). *Admiratio*, ein rhetorischer Begriff, kann auch durch eine bewegende künstlerische Darstellung ausgelöst werden. Sie ist ein Mittel der *persuasio*, der literarischen Veridiktion.[7]

Kurz vor Barcelona werden die Geschwister Zeugen eines Überfalls, wobei es ihnen gelingt, einen schönen, nur mit einem Hemd bekleideten Jüngling, Leocadia natürlich, zu befreien. Die nun folgende Situation erweist sich als analog zu jener der Wirtshausszene. Auch Leocadia muß einer Unbekannten (der als Edelmann verkleideten Teodosia) ein Geständnis machen. Sie gibt zunächst zu, daß sie Rafael nicht die volle Wahrheit über ihre Herkunft gesagt hat („en lo que toca a mi patria, la verdad he dicho; en lo que toca a mis padres, no la dije, porque don Enrique no lo es sino tío mío, y su hermano don Sancho mi padre"); doch im Verlauf des Gesprächs, als es um die Schilderung von Marco Antonios Annäherungsversuchen geht, ändert sie ihre Erzählweise und rechtfertigt dies so:

> Mas no sé para qué me pongo a contaros, señor, punto por punto las menudencias de mis amores, pues hacen tan poco al caso, sino deciros una vez lo que él con muchas de solicitud granjeó conmigo, que fue que, habiéndome

---

[6] Vgl. unseren Aufsatz: „Discurso social y Discurso mítico en los dramas de honor de Calderón", in: Axel Schönberger / Klaus Zimmermann (Hg.), *De orbis Hispani linguis litteris historia moribus. Festschrift für Dietrich Briesemeister zum 60. Geburtstag*, Frankfurt/M. 1994, S. 769-782.

[7] Zum Begriff der „admiración" bei Cervantes vgl. Walter Pabst, *La novela corta en la teoría y en la creación literaria*, Madrid 1972 (Kap. 3) und Juan M. Diez Taboada, „La estructura de las *Novelas Ejemplares*", *Anales Cervantinos* 18 (1979/80), S. 87-105.

dado su fe y palabra, debajo de grandes, a mi parecer, firmes y cristianos juramentos de ser mi esposo, me ofrecí a que hiciese de mí todo lo que quisiese. (S. 143)

Hier wird auf das Aufzählen einzelner Fakten verzichtet, weil das Wesentliche schon gesagt sei. Die Wirkung des Berichts bleibt dennoch dieselbe. Als Leocadia von der Nacht erzählt, in der sie sehnlichst auf ihren Geliebten wartete, läßt sich die gepeinigte Teodosia zu einer unüberlegten Reaktion hinreißen. Sie unterbricht Leocadias Satz ('Die Nacht, die ich so sehr ersehnt hatte, kam heran'), ohne den zweiten Teil abzuwarten, in dem präzisiert wird: „Porque no le gocé, ni me gozó, ni vino al concierto señalado" (S. 144). Auch ein im referentiellen Sinne ungenauer oder unvollständiger Bericht kann heftige Leidenschaft auslösen und seine volle Wirkung erzielen – eine Erkenntnis, die auch aus literarischer Sicht von Bedeutung ist.

Rafael und Leocadia bilden das unkonventionelle Paar, das sich durch ein andersartiges Verhältnis zur Wahrheit auszeichnet. Bei dem ihnen geläufigen Wahrheitsverständnis geht es weniger um die Ermittlung genauer Details als um das Wesentliche der Aussage und um deren Wirkung. Der Text selbst liefert einen interessanten Hinweis, insofern als der von seiner Neugier und Einbildungskraft gelenkte Rafael „el deseoso" und die sich oft der Fiktion bedienende Leocadia „la dudosa" genannt werden. Da der erste Begriff auch Phantasie und Vorstellungskraft, der zweite Fiktion, Lüge und Nicht-Festlegbarkeit beinhalten, tritt dieses Paar in ein enges Verhältnis zur literarischen Reflexion.

Rafael ist die komplexere Gestalt, weil er im Lauf der Erzählung ein doppeltes Programm verfolgt und es erfolgreich zu Ende führt. Einerseits liegt ihm viel daran, die Ehre der Familie zu retten, und damit setzt er sich ein gesellschaftliches Ziel; anderseits verliebt er sich während der Reise in die reizvolle Leocadia, obschon er in ihr eine Rivalin seiner Schwester und damit auch eine potentielle Gegenspielerin in bezug auf sein eigenes soziales Programm erkennt. Erst der Verzicht Marco Antonios auf Leocadia schafft eine für ihn günstige, weniger dilemmatische Situation. Die Tatsache, daß er seine entehrte Schwester nicht gleich umbringt, sondern ihr – in der Hoffnung, es werde sich eine Lösung finden – bei der Suche nach ihrem Verführer hilft, ist ein erster Beweis seines umsichtigen, das Wesentliche erkennenden Vorgehens. Gleich zu Anfang erscheint er als junger Mann, der, obgleich von Phantasievorstellungen getrieben, seine Ziele durchzusetzen vermag. Es gelingt ihm, ins Zimmer des als engelhaft schön beschriebenen Gastes einzudringen: er entdeckt dabei nicht nur dessen Identität („coligiendo por las razones que había oído que sin duda alguna era mujer la que se quejaba") – so weit verfolgt auch er die referentielle Wahrheit –, sondern verwirklicht zugleich seinen intimen Wunsch, sich dem oder der geheimnisvollen Unbekannten zu nähern.

Noch deutlicher zeigt sich uns sein Wesen im Umgang mit Leocadia. Das kurze Verhör, dem er den angeblichen Jüngling unterzieht, erweist sich als die gesellschaftlich übliche Art der Wahrheitsfindung. Doch dieser (Leocadia) antwortet ausweichend und gibt sich kurz nacheinander drei verschiedene Identitäten: zuerst bezeichnet er sich als Sohn des Don Enrique de Cárdenas, von dem Rafael zufällig weiß, daß er kinderlos ist; dann behauptet er, sein Vater sei Don Sancho, der jedoch nach Rafaels Wissen nur eine Tochter hat; schließlich sieht er sich zu einer weiteren Lüge genötigt und behauptet, der Sohn von Don Sanchos Gutsverwalter zu sein. Am gleichen Abend noch referiert Teodosia ihrem Bruder „punto por punto" die Ergebnisse des von ihr durchgeführten Verhörs und verrät ihm, der schöne Jüngling sei in Wirklichkeit eine Frau, die ihrerseits den Spuren Marco Antonios folge. Diese Nachricht beflügelt Rafaels Phantasie. Leocadias Schönheit erscheint ihm von jener bewegenden Art, „que en un momento lleva tras sí el deseo de quien la mira", und in der Nacht läßt er seinen Wunschvorstellungen freien Lauf:

> No la imaginaba atada al árbol, ni vestida en el roto traje de varón, sino en el suyo de mujer y en casa de sus padres ricos y de tan principal linaje como ellos eran. No detenía ni quería detener el pensamiento en la causa que la había traído a que la conociese. Deseaba que el día llegase para proseguir su jornada y buscar a Marco Antonio, no tanto para hacerle su cuñado como para estorbar que fuese marido de Leocadia...(S. 149)

Zu den vielen Vorzügen Rafaels gehört auch seine Überredungskunst. Nachdem Leocadia aus dem Mund Marco Antonios den für sie negativen Bescheid vernommen hat, verläßt sie das Haus des katalanischen Gastgebers und begibt sich ratlos zum Hafen. Rafael eilt ihr nach, und es gelingt ihm, sie von der Echtheit seiner Gefühle zu überzeugen. An dieser Stelle interveniert der Erzähler ein erstes Mal in der Ich-Person und definiert dabei eben jenen Wahrheitsbegriff, der im literarischen Bereich Geltung hat, indem er sagt:

> ¿Con qué razones podré yo decir ahora las que don Rafael dijo a Leocadia, declarándole su alma, que fueron tantas y tales que no me atrevo a escribirlas? Mas, pues es forzoso decir algunas, las que entre otras le dijo fueron éstas... (S. 160)

Diese Bemerkung des schreibenden Erzählers, der seine „razones" mit jenen der sprechenden Person vergleicht und darauf verzichtet, in positivistischer

Manier (in der Fiktion ohnehin ein Absurdum!) den genauen Wortlaut mimetisch wiederzugeben, ist für den Sinn der Novelle von zentraler Bedeutung. Bei einer Segmentierung erweist sich diese Erzähler-Intervention zudem als wichtigste Zäsur, welche die erste Hauptsequenz (A) von der zweiten (B) trennt. In der Sequenz A wird das gesellschaftliche Programm zu einem befriedigenden Abschluß geführt: auch wenn Marco Antonio nicht überleben sollte, ist Teodosias Ehre gerettet, und Rafael hat seine Pflicht getan. In B, bzw. schon im Segment B1, erfüllt sich nun auch sein individuelles Programm, da er Leocadia für sich einzunehmen weiß. Die Erzählung endet indessen nicht in Barcelona, denn auf die Hinreise folgt eine durch den Umweg über Santiago verlängerte, aber nicht näher beschriebene Rückreise. In diesem zweiten Segment B2 wird kurz von der Pilgerfahrt berichtet, deren Erwähnung vor allem das Ziel verfolgt, Marco Antonios Bußfertigkeit zu bestätigen und die zwei Paare in Pilgerkleidern auftreten zu lassen, so daß sie bei ihrer Ankunft in Andalusien von ihren eigenen Angehörigen zunächst nicht erkannt werden. Hier ist inzwischen eine Familienfehde ausgebrochen. In der Nähe ihrer Wohnorte treffen die vier auf ihre verfeindeten Väter, die sich schlagen. Eines der Duelle ist bereits in vollem Gang, kann aber noch rechtzeitig abgebrochen werden. Das alles klingt sehr romanesk und ist deswegen von der Kritik als schwacher, ja 'unnötiger' Teil gerügt worden.[8] Das tatsächlich zunächst etwas aufgesetzt wirkende Finale gewinnt jedoch an Bedeutung, wenn wir in der B-Sequenz auch die Rolle des Erzählers berücksichtigen.

In A dominiert auf der Erzählebene der gesellschaftliche Diskurs. Der Erzähler informiert einerseits präzis, aber doch immer nur partiell; andererseits gibt er dem Leser laufend neue Rätsel auf, die diesen zwingen, die wahren Sachverhalte („causa") herauszufinden. Der Leser lernt in der Wirtshausszene zwei junge Ritter kennen, von denen sich der eine als Frau, der andere als deren Bruder erweist. Dann stößt er auf einen schönen Jüngling, den die Räuber an einen Baum gebunden haben: Leocadia. Schließlich sieht er, wie jemand in den Straßen Barcelonas bedroht wird und sich gegen eine Übermacht verteidigt: es ist Marco Antonio. So nimmt das Detektivspiel fröhlich seinen Lauf, und erst das Geständnis Marco Antonios setzt den vielen Fragen ein Ende.

---

[8] Agustín Gonzalo Amezúa y Mayo, in *Cervantes, creador de la novela corta española*, Madrid 1956, Bd. 2, S. 326, bezeichet *Las dos doncellas* kurz als „novela de relleno". Auch Américo Castro, in „La ejemplaridad de las Novelas Cervantinas", in: *Hacia Cervantes*, Madrid 1967, S. 341, spricht von einer „novela ingenua", und Manuel Durán, in „Cervantes as a Short Story Writer", in: *Cervantes*, Boston 1974, S. 73, betrachtet sie als „one of the weakest novelettes of the collection".

Schon im ersten Abschnitt der Erzählung erscheinen uns die räumlich-zeitlichen Angaben als sehr genau; sie sind indessen nicht ausreichend, weil sich die uns vorgezeigte Realität als eine Welt der bloßen Erscheinungen erweist. So beginnt die Erzählung:

> Cinco leguas de la ciudad de Sevilla está un lugar que se llama Castilblanco, y en uno de muchos mesones que tiene, a la hora que anochecía, entró un caminante sobre un hermoso cuartago extranjero. No traía criado alguno, y sin esperar que le tuviesen el estribo, se arrojó de la silla con gran ligereza. (S. 123)

Moderne Ausgaben der *Novelas Ejemplares* überbieten sich gegenseitig in lobenden Kommentaren, daß wir es hier mit einem realistischen Novellenanfang zu tun hätten, da es sich ohne jeden Zweifel um den Ort Castilblanco de los Arroyos handle, der – wie es Cervantes ja sage – 33 Kilometer oder gut fünf spanische Meilen von Sevilla entfernt an einer Wegkreuzung liege und deshalb schon immer einige Gasthäuser aufgewiesen habe. Daß diese Beschreibung jedoch als Einleitung zu einer der unwahrscheinlichsten Novellen dieses Autors konzipiert ist und daß sie trotz ihrer referentiellen Genauigkeit wenig aussagt, das verunsichert diese Herausgeber nicht. Ich habe den Novellenanfang ausführlich zitiert und die darauffolgende, dem *costumbrismo* verpflichtete Wirtshausszene mehrmals geschildert, weil ich zeigen wollte, daß wir es zu Beginn mit einem Erzähler zu tun haben, der seinerseits den referentiellen Wahrheitsbegriff verwendet. Der gleiche Erzähler, der uns in A an seinem Detektivspiel teilhaben läßt, setzt sich in B1 an Gottes Stelle, wenn er Marco Antonio auf wunderbare Weise genesen läßt. Die Passage ist jedoch mehrdeutig: vom gesellschaftlichen Diskurs her betrachtet, geschieht hier ein Wunder, ein „milagro"; aus literarischer Sicht hingegen wird durch diese „maravilla" *admiratio* erzeugt (und Cervantes braucht den zweiten Ausdruck!).

> Pero Dios, que así lo tenía ordenado, tomando por medio e instrumento de sus obras – cuando a nuestros ojos quiere hacer alguna *maravilla* – lo que la misma naturaleza no alcanza, ordenó que la alegría y poco silencio que Marco Antonio había guardado fuese parte para mejorarle, de manera que otro día cuando le curaron le hallaron fuera de peligro, y de allí a catorce se levantó tan sano que sin temor alguno se pudo poner en camino. (S. 163-164, meine Hervorhebung)

Der gesellschaftliche Diskurs dominiert indes nicht nur auf der Erzählebene, sondern auch im Geschehen des ersten Teils. Teodosia und Marco Antonio, die sich am Schluß der A-Sequenz versöhnen, repräsentieren die gesellschaftlich akzeptierten Wertvorstellungen des Ehrenkodexes und der Religion. In Barcelona werden auch Rafael und Leocadia ein Paar, dessen Geschichte jedoch weit weniger linear verläuft. Wie in einem byzantinischen Roman wird Leocadia das Opfer eines Überfalls, wobei sie ihren einzigen Beweis, ihre „cédula", verliert, und auch Rafael widerfährt auf der Reise viel Unvorhergesehenes. Beide – Rafael, der auf dem Weg nach Hause war und nun seiner Schwester folgt, Leocadia, die sich in einen andern verliebt – sind zu unkonventionellem Handeln fähig.

Wenn wir nun strukturell denken, so wird uns klar, warum Cervantes die Novelle nicht schon in Barcelona enden läßt. Was in der zweiten Hauptsequenz noch fehlt, ist ein Zeichen der Überlegenheit jener andern, betont literarischen Erzählweise, deren Wahrheitsanspruch nicht auf Referenzialität, sondern auf glaubwürdiger Darstellung, prinzipieller Kohärenz und persuasiver Wirkung gründet. Und hier erlaubt sich Cervantes etwas Unerhörtes. Erinnern wir uns kurz an die lügenhaften Ausreden Leocadias, die nicht voraussehen konnte, daß Rafael aus ihrer Gegend stammt und die Notabeln der Provinz alle mit Namen und Familienanhang kennt. Leocadia, auch „la dudosa" genannt, erfindet nacheinander drei verschiedene Väter, nämlich den sich als kinderlos herausstellenden Don Enrique de Cárdenas, dann dessen Bruder Don Sancho, der zwar eine Tochter hat, was aber zu der als Mann Verleideten nicht paßt, und schließlich noch Don Sanchos Gutsverwalter. Am Schluß der zweiten Hauptsequenz nun, als Rafael und Marco Antonio ihre Väter beim Duellieren antreffen, während Leocadia einem dritten, dem Duell zuschauenden Caballero entgegeneilt, heißt es, diese habe „su padre que la había engendrado" sogleich erkannt. Es kommt zur erwarteten Wiedererkennungsszene, während sich von den umliegenden Hügeln her drohend zwei bewaffnete Kriegerscharen nähern in der Absicht, ihre Herren im Kampf zu unterstützen. Zweimal kurz nacheinander ist nun von *Don Enrique* als Leocadias Vater die Rede, obschon der aufmerksame Leser weiß, daß Don Enrique kinderlos ist und Leocadias Vater 'in Wirklichkeit' (aber was heißt schon 'in Wirklichkeit'?) *Don Sancho* heißt. Über Cervantes „descuidos" sind Bücher verfaßt worden, doch diesmal ist die Inkohärenz betonte Absicht.[9] Denn zweimal kurz aufeinander wird unwiderlegbar gesagt:

> Y volviendo la cabeza, vieron que *don Enrique, el padre de Leocadia*, se había apeado y estaba abrazado con el que pensaban ser peregrino; y era que Leocadia se había llegado a él dándosele a conocer... (S. 166)

---

[9] Bezüglich des *Don Quijote* vgl. vor allem José Manuel Martín Morán, *El Quijote en ciernes*, Alessandria 1990.

und:

> Hasta que *don Enrique* les dijo brevemente lo que *Leocadia su hija* le había contado... (S. 167)

In einzelnen modernen Ausgaben der *Novelas Ejemplares* sind diese Textstellen kommentarlos korrigiert worden, so daß es im Text nicht mehr „Don Enrique", sondern „Don Sancho" heißt.[10] Hier triumphierte die Logik, aber nicht diejenige des Autors. Noch eine weitere Inkongruenz erlaubt sich der Erzähler der B-Sequenz, indem er behauptet, Leocadias Dorf befinde sich nur eine spanische Meile von dem Teodosias entfernt („estando a vista del lugar de Leocadia, que, *como se ha dicho*, era *una* legua del de Teodosia"). In der A-Sequenz können wir jedoch unter anderen jene Stelle nachlesen, in der Leocadia der noch verkleideten Teodosia bekennt: „Mi nombre es Leocadia; la ocasión de la mudanza de mi traje oireis ahora. *Dos* leguas de mi lugar está otro de los más ricos y nobles de Andalucía, en el cual vive un principal caballero..." (S. 143).[11] (Gemeint ist Marco Antonio, der am gleichen Ort wie Rafael und Teodosia wohnt). Hier war nicht Zerstreutheit am Werk; hier zeigt sich eine erzählerische Intention, welche den Gesamteffekt der dargestellten Szene im Auge hat und absichtlich die Details 'vernachlässigt', bzw. vertauscht, weil sie das *movere* über jede realistische Pedanterie stellt und Namen- oder Zahlenangaben als literarisch irrelevant behandelt. Der Leser will ja zu diesem Zeitpunkt ohnehin nur bestätigt haben, daß sich die Väter über die glückliche Rückkehr ihrer Kinder freuen und daß damit dem Frieden nichts mehr im Wege steht.

In anderen Worten: die beim ersten Lesen als beinahe 'unnötig' erachtete Sequenz B2 dient vor allem dazu, der vorwiegend referentiell-exemplarischen Erzählweise in der A-Sequenz ein betont literarisches Vorgehen entgegenzuhalten. Leocadias fiktive Ungenauigkeiten finden damit eine Entsprechung auf der Erzählebene, die sich als nicht weniger „dudosa" erweist. Damit ist die Analogie zwischen der Handlungsebene, auf der zwei unterschiedliche Paare und zwei gegensätzliche Wahrheitsbegriffe dargestellt werden, und der Diskursebene, deren Wertungen sich auch in den Interventionen des Erzählers äußern, eindeutig erkannt. Die Novelle *Las dos doncellas* könnte auch „Las dos verdades" heißen, doch war die Zeit um 1600 für solche 'kuriose Impertinenzen' wohl noch nicht reif. Seien wir

---

[10] Als Beispiel nennen wir: Miguel de Cervantes, *Novelas Ejemplares*, hg. von Juan Alcina Franch, Zaragoza 1974, S. 499.

[11] Auch hier wird die Distanz in der A-Sequenz zweimal kurz nacheinander mit „dos leguas" angegeben, während es in B „una legua" heißt. Ein Schreibfehler ist nicht denkbar, da Cervantes jedesmal auf der Zahlenangabe insistiert („como se ha dicho").

jedoch nicht überheblich: wenn man die Cervantes-Kritik *vor* 1960 liest, insbesondere jene, die sich mit den *Novelas ejemplares* befaßt, muß man – abgesehen von wenigen Ausnahmen wie Ortega, Leo Spitzer und Walter Pabst – erkennen, daß auch unserem Jahrhundert das Sensorium für die Erzählkunst dieses Dichters lange Zeit gefehlt hat. Es war ein Glück, daß sich Narratologie, Semiotik und Bachtinsche Diskurstheorie wieder um sie kümmerten und daß so dem größten Erzähler der spanischen Literatur auch aus narrativer Sicht die ihm gebührende Aufmerksamkeit zuteil wurde.

Manfred Hinz

Gracián, Velleius Paterculus und die *aemulatio*

I.

Das siebte Kapitel von Graciáns erstem Buch, *El Héroe* von 1637, ist mit „Excelencia de Primero" überschrieben und befaßt sich mit den Schwierigkeiten, die ersten zu sein für diejenigen, die historisch zu spät gekommen sind. Es weist dem Leser, oder besser dem Benützer,[1] daher einen „moderno rumbo para la celebridad".[2] Dieser moderne Weg zum Ruhm führt an der Imitation, der Grundannahme aller humanistischen Poetik, prinzipiell vorbei. Ganz unabhängig von der immanenten Qualität des imitierbaren Archetextes bedeute nämlich schon seine Reproduzierbarkeit einen Autoritätsverlust: „Es la pluralidad discrédito de sí mismo, aun en preciosos quilates; y al contrario, la raridad encarece la moderada perfección" (16b-17a). Mit dieser Feststellung verlieren überhistorische Beurteilungskriterien von Kunst, aber nicht nur von dieser, wie wir sehen werden, ihre Relevanz. Es geht Gracián nicht um den immanenten Wert eines Werkes, sondern allein um den „crédito", den es auf einem jeweils historisch kontingenten Markt zu erzielen imstande ist.

Die Grundregel, daß der historische Nachfolger seine Vorgänger, wie hervorragend sie auch gewesen sein mögen, gerade nicht imitieren dürfe, sondern einen genau entgegengesetzten Weg einzuschlagen habe, wird von Gracián an verschiedenen historischen Exempeln vorgeführt. Analog hatte schon Machiavelli in den *Discorsi* den beständigen Wechsel als denjenigen Faktor ausgemacht, der der Römischen Republik Stabilität und Dauer verliehen habe. So sei nach dem Brudermörder Romulus, dessen Verbrechen aber durch seine Position als „principe nuovo" gerechtfertigt waren, der sanfte Numa gekommen, welcher die Religion eingeführt habe usw.[3] Bei

---

[1] Die Anwendungsorientierung von Graciáns Schriften verbietet es grundsätzlich, sie in eine gesamteuropäische „moralistische" Tradition einzuordnen, wie sie durch Hugo Friedrich definiert worden ist. Vgl. hierzu neuerdings Peter Werle, *„El Héroe". Zur Ethik des Baltasar Gracián*, Tübingen 1992, S. 9ff.

[2] Sofern nicht anders vermerkt, zitieren wir Gracián durchgängig nach der folgenden Ausgabe: *Obras completas*, hg. von Arturo del Hoyo, Madrid ³1967, und geben nur noch die Seite an. Hier: 17a.

[3] In *El Político* wird genau dieses Wechselspiel wieder aufgenommen, das allerdings nicht unbedingt von Machiavelli stammen muß, obwohl wir dies aufgrund der Konzentration von Graciáns Passage für wahrscheinlich halten, sondern auch auf dessen

Machiavelli wie bei Gracián blockiert die Notwendigkeit des Wechsels die Konstruktion von verbindlichen, überzeitlichen Verhaltensnormen und Strategien. Graciáns Exempelliste ist selbst ein kleines Exercitium des Wechsels: er entnimmt eines der alttestamentarischen Geschichte, eines der römischen, eines der zeitgenössischen spanischen und schließlich eines der Kirchengeschichte. So sei der kriegerische König David abgelöst worden vom weisen Salomon, der „magnánimo Augusto" von „Tiberio político", was bei Gracián soviel wie „disimulado" bedeutet,[4] der kriegstüchtige Karl V. durch den besonnenen Philipp II. und sogar auf dem Heiligen Stuhl folge jeweils ein Papst „sumamente docto" auf einen „sumamente santo" (17a). Selbst in der Nachfolge Petri also sind starre Normen, die zum Erfolg führen könnten, außer Kraft gesetzt. Interessanter in unserem Zusammenhang sind jedoch die Exempel aus dem Bereich der Künste. Auch hier gilt nicht das Gesetz der *imitatio*, jedenfalls nicht, wenn man der erste sein und zu Ruhm kommen möchte, sondern das der beständigen Erneuerung:

> Sin salir del arte, sabe el ingenio salir de lo ordinario y hallar en la encanecida profesión nuevo paso para la eminencia. Cedióle Horacio lo heroico a Virgilio, y Marcial lo lírico a Horacio. Dio por lo cómico Terencio, por lo satírico Persio, aspirando todos a la ufanía de primeros en su género. (17b)

Wenn niemand mehr der historisch erste sein kann, eröffnet nur noch der abrupte Gattungswechsel und damit der Bruch der Tradition die Möglichkeit, der erste in der Rangordnung der Gattung zu werden. Mit den genannten Autoren haben sich die jeweiligen Gattungen auch schon erschöpft und das überlieferte Gattungssystem ist qua Überlieferung obsolet. Die Moderne läßt damit nur noch einen „extravagante rumbo para la grandeza" (18a) zu. Deutlich herauszuhören ist an dieser Stelle Graciáns Ablehnung der klassizistischen Dichtungen, wie sie im 16. Jahrhundert vor allem in Italien entstanden sind, während er z.B. Battista Guarinis *Pastor fido* sehr positiv gegenübersteht, weil er mit seiner pastoralen Tragikomödie eine neue Gattung begründete.[5]

Quelle Livius zurückgehen kann: „Fueron comúnmente en todas las monarquías insignes reyes los primeros, porque todo les ayudaba a la virtud; un valeroso Rómulo, un Numa feliz, un belicoso Hostilio, un integérimo Anco, un sagaz Prisco y un político Servio fueron las primicias de la monarquía romana" (47a). Die notwendige Ergänzungstheorie zu diesem politischen Wechselspiel liefert das hier besprochene Kapitel aus *El Héroe*.

[4] Quelle sind selbstverständlich die *Annales* von Tacitus, V,71, vgl. aber auch I,7; I,11.

[5] Das „perfecto poema" (392a) Guarinis, des „Fénix de Italia", sei sogar allen nicht gerade klassizistischen dramatischen Dichtungen Spaniens überlegen (443a). Gracián zitiert immer wieder Verse aus dem *Pastor fido* zur Illustration spezifischer Techni-

Gracián verdeutlicht seine traditionsabbrechende Innovationsstrategie abschließend durch eine Anekdote über einen „galante pintor", auf dessen Identität wir uns hier nicht festzulegen brauchen.[6] In diesem Zusammenhang fällt auch der Schlüsselbegriff der *aemulatio*, den wir als Antonym zur humanistischen *imitatio* festhalten müssen:

> Vio el otro galante pintor que le habían cogido la delantera el Ticiano, Rafael y otros. Estaba más viva la fama cuando muertos ellos. Valióse de su invencible inventiva: dio en pintar a lo valentón. Objetáronle algunos el no pintar a lo suave y pulido en que podía emular al Ticiano; y satisfizo galantemente que quería más ser primero en aquella grosería, que segundo en la delicadeza.[7]

---

ken seiner *agudeza*; so steht z.B. „O modestia, molestia" als Exempel für die „agudeza por paronomasia" (395a). Vgl. auch 249a, 256a, 261a, 276a, 277a, 284a, 285b, 316b, 409b. Zum Verhältnis von Guarinis hybrider Form der Tragikomödie zur Gattungstradition vgl. Claudio Scarpati, *Studi sul Cinquecento italiano*, Milano 1982, S. 201-238.

[6] Alfred Morel-Fatio zufolge handelt es sich um Velázquez, was aus chronologischen Gründen sehr unwahrscheinlich ist, eher bezieht sich Graciáns Anspielung auf Navarrete el Mudo (vgl. die Nachweise in der Ausgabe von Arturo del Hoyo, 17b-18a). Arturo del Hoyo gibt als Quelle die *Cartas y relaciones* von Antonio Pérez an, des ehemaligen Sekretärs von Philipp II. und dann Verkäufers der spanischen *arcana imperii* an das protestantische England und Frankreich. Pérez schreibt den Schachzug kunsthistorisch treffender Tizian gegenüber Raphael zu. Pérez ist als Quelle tatsächlich nicht auszuschließen, denn obwohl die Schriften dieses „monstruo de Fortuna" selbstverständlich in Spanien verboten waren, werden sie von Gracián sehr häufig verschlüsselt, manchmal aber sogar explizit zitiert. Es ist jedoch zu bedenken, daß es sich um einen Gemeinplatz in der Literatur der Renaissance handelt. Ohne genaue Quellenangabe zitiert z.B. Menéndez y Pelayo das auf den Poeten Fernando de Herrera bezogene Urteil des Maesto Medina, den perfekten Dichter zeichne aus „aquel buscar siempre nuevos modos de hermosura" (*Historia de las ideas estéticas en España*, Madrid [4]1974, S. 734). Als Modell für Gracián kommt aber auch der folgende Passus aus Castigliones *Libro del Cortegiano* in Betracht: „Eccovi che nella pittura sono eccellentissimi Leonardo Vincio, il Mantegna, Rafaello, Michel Angelo, Giorgio da Castel Franco; nientedimeno, tutti son tra sé nel far dissimili, di modo che ad alcun di loro non par che manchi cosa alcuna in quella maniera, perché si conosce ciascun nel suo stilo esser perfettissimo" (I,37).

[7] Wir folgen hier nicht dem Text von Arturo del Hoyo, sondern dem korrekteren in Gracián, *Obras completas*, hg. von Miguel Batllori / Ceferino Peralta, Bd. 1, Madrid 1969 (BAE 229), S. 254a. Nach Gracián ist derselbe Passus bei Fray Jerónimo de San José, *Genio de la historia*, Madrid 1651, bezeugt, der den strategischen Schachzug jedoch richtig Tizian selbst in Konkurrenz zu seinen italienischen Vorbildern zuschreibt: „Cansado el Ticiano del ordinario modo de pintar a lo dulce y sutil, inventó aquel otro tan extraño y subido de pintar a golpes de pincel grosero, casi como borrones al descuido, con que alcanzó nueva gloria, dejando con la suya a Micael Angelo,

Ulrich Schulz-Buschhaus zufolge, der auf dieses Kapitel Graciáns aufmerksam gemacht hat, schlage sich in solchen Passagen das „Diktat der Innovation" nieder, dessen „Kategorie des Neuen ... jedes nicht-historische Kriterium" der Bewertung von Kunst auflöse.[8] Gracián folge letztlich einer Marktstrategie, denn die relative Seltenheit oder gar Einzigartigkeit eines künstlerischen Verfahrens lasse sich nur bemessen an der jeweils historisch gegebenen Angebotslage. So zeige sich, daß Gracián keine Gattungshierarchien anerkennt. Vielmehr seien die erwähnten Gattungen des Epos, der Satire, Komödie, Lyrik, Epigrammatik usw. nun prinzipiell gleichberechtigte, horizontale Auffächerungen des Kunstangebotes. Bei Gracián also werde, womöglich erstmals, so Schulz-Buschhaus, die Moderne als „Abweichung von kanonisierten Modellen" begreifbar.[9]

Wir möchten ergänzend dazu an dieser Stelle zeigen:
1) daß Graciáns Erneuerungsstrategie ihrerseits von einer antiken Quelle vorgedacht wurde,
2) daß sie in der *aemulatio* ihr Antriebsmotiv und ihren *terminus technicus* findet,
3) daß sie ohnehin einen Grundbestandteil des jesuitischen Schulbetriebes darstellte, den Gracián durchlaufen hat.
Die innovative Denkrichtung des Kapitels aus *El Héroe* wird dadurch nicht widerlegt, aber sie läßt sich vielleicht etwas präziser fassen.

II.

Die nur fragmentarisch überlieferte *Historia romana* von Velleius Paterculus mit unbekanntem Vornamen, von der sogar der Titel unsicher ist,[10] war

---

Urbino, Corregio y Parmesano ..., y como quien no se digna de andar por el camino ordinario, hizo senda y entrada ... por desvíos" (Zit. bei Menéndez y Pelayo, *Historia de las ideas estéticas en España*, S. 681).

[8] Ulrich Schulz-Buschhaus, „Gattungsbewußtsein und Gattungsnivellierung bei Gracián", in: Sebastian Neumeister / Dietrich Briesemeister (Hg.), *El mundo de Gracián. Actas del Coloquio Internacional Berlín 1988*, Berlin 1991, S. 75-94, hier: S. 83.

[9] Ebd., S. 84.

[10] Vor allem Italo Lana hat bestritten, daß es sich überhaupt um eine *Historia* handle (*Velleio Paterculo o della propaganda*, Torino 1952, S. 264), es sei vielmehr eine Propagandaschrift für Tiberius und damit der Panegyrik zuzurechnen (ebd., S. 213). Vgl. auch Ronald Syme, „Mendacity in Velleius", in: *American Journal of Philology* 99 (1978), S. 47-63, insb. S. 62. Eine andere Hypothese ist, der überlieferte Text sei nur Fragment einer Epitome zu einem „iustum opus" zur Römischen Geschichte, das

während der Antike[11] und des Mittelalters[12] weitgehend unbekannt. Sicher ist dagegen, daß sie während der Regierungszeit von Kaiser Tiberius kurz vor dem Sturz des Seianus, etwa 29 oder 30 n. Chr., entstanden sein muß. Das Manuskript wurde 1515 vom Humanisten Beatus Rhenanus entdeckt, 1520 erstmals in Basel gedruckt und erlebte bis weit in das 17. Jahrhundert hinein als bislang unbekannte Quelle zur Römischen Geschichte, insbesondere zur gerade hochaktuellen frühen Kaiserzeit, also im wesentlichen als Alternativwerk zu Tacitus, sehr zahlreiche Auflagen.[13] Wir dürfen mit guten Gründen vermuten, daß Gracián die 1591 von Justus Lipsius besorgte Ausgabe „cum animadversionibus" verwendet hat, dessen politische Legitimation der *dissimulatio* und der *fraudes* er auch sonst übernahm[14] und dessen Stilideal der *brevitas* auch für ihn bindend war.[15] Es ist daher anzunehmen,

---

Velleius Paterculus mehrfach ankündigt (II,48,5; II,96,3; II,99,3; II,103,4; II,114,4; II,119,1 u.ö.). Zur Kritik dieser Interpretation vgl. Claudia Kuntze, *Zur Darstellung des Kaisers Tiberius und seiner Zeit bei Velleius Paterculus*, Frankfurt/M.-Bern-New York 1985, S. 25. Wir benützen grundsätzlich den von Joseph Hellegouarc'h edierten Text (2 Bde., Paris 1982).

[11] Vgl. Kuntze, *Zur Darstellung des Kaisers Tiberius und seiner Zeit bei Velleius Paterculus*, S. 25f.

[12] Insofern wundert es, daß J. Th. Welter in seinem großen Standardwerk zur mittelalterlichen Exemplaliteratur auch Velleius Paterculus unter den Quellen nennt (*L'exemplum dans la littérature religieuse et didactique du Moyen Age*, Paris-Toulouse 1927, S. 95). Allerdings bringt er keine Belege.

[13] Von der sehr umfangreichen Kommentatorenarbeit, die der Text von Velleius Paterculus seit seinem ersten Druck durch Beatus Rhenanus 1520 in Basel in der zweiten Hälfte des 16. Jahrhunderts ausgelöst hat, legt am besten die folgende Ausgabe Zeugnis ab: *C. Velleivs Patercvlvs, cvm Aldi Manvtii scholiis: Ivsti Lipsii animadversionibus: Iacobi Scegkii notis: Vincentii Acidalii variis lectionibus*. Lvgdvni, apvd Franciscvm Le Preux, 1593. Eine Neuauflage erschien schon ein Jahr später und zahlreiche weitere folgten. All diese Kommentare waren zuvor auch schon als Einzeldrucke erschienen, in zum Teil erheblichen Auflagen. Später trat dann noch eine weitere kommentierte Edition hinzu: *M. Velleivs Patercvlvs. Cum notis Gerardi Vossii*, Lvgdvni Batavorvm, ex officina Elzeviriana, 1639 (weitere Ausgaben 1654, 1664 u.a.). Die Kommentar- und Druckgeschichte von Velleius Paterculus im 16. und 17. Jahrhundert würde eine Spezialuntersuchung lohnen.

[14] Lipsius' Ausgabe erschien erstmals 1591: *C. Velleivs Patercvlvs cvm animadversionibus I. Lipsii*, Lvgdvni Batavorvm, ex officina Plantiniana, apvd Franciscum Rahphelengium, 1591. Weitere Auflagen: Antverpiae, ex officina Plantiniana, apud I. Moretum, 1600; 1627, 1648, 1667 u.a. Zu Lipsius' Bedeutung für Gracián vgl. die schlüssigen Belege bei Peter Werle, „*El Héroe*", S. 55f.

[15] Dieses Stilideal findet sich am deutlichsten in der selbst sehr kurzen, aber wenig gelesenen Briefstellerlehre: *Ivsti Lipsi Epistolica Institvtio, excerpta è dictandis eius ore Anno M.D.LXXXVII. Adiunctum est Demetrij Phalerei eiusdem argumenti scriptum.* Lvgdvni Batavorvm, Ex officina Plantiniana, M.D.XCI. Ansonsten ist auf die heute noch weniger gelesene Schrift des Lipsius-Schülers Erycius Puteanus (van Put-

daß ihm eine von Lipsius edierte Klassiker-Ausgabe, die noch dazu denselben Zeitraum wie der ebenfalls von Lipsius herausgegebene Tacitus behandelt, kaum entgangen sein dürfte.

Am Ende des ersten Buches seiner *Historia* macht Velleius Paterculus einen der längsten derjenigen Exkurse, an denen sein Text so außerordentlich reich ist. Normalerweise befassen sich diese Exkurse mit der rhetorischen *laudatio* der heroischen *virtus* bestimmter historischer Ausnahmepersönlichkeiten,[16] hier jedoch stellt er sich die Frage, wie es komme, daß die größten Geister in einer bestimmten Disziplin alle etwa gleichzeitig auftreten. Nach dem einmal erreichten Gipfel habe sich der Fortschritt dieser Disziplin dann auch erschöpft.

> Quis enim abunde mirari potest, quod eminentissima cuiusque professionis ingenia in eandem formam et in idem artati temporis congruere spatium. (I,16,2)

Er verdeutlicht diese Beobachtung zunächst durch Exempel aus der griechischen Literatur. So haben Aischylos, Sophokles und Euripides in „neque multorum annorum spatium" (I,16,3) gelebt und damit die Gattung der Tragödie ein für allemal erfüllt. Dasselbe gelte für die Vertreter der alten und der neuen Komödie sowie für Plato und Aristoteles auf dem Gebiet der Philosophie. Danach sei in den jeweiligen Disziplinen nichts Bedeutendes mehr gekommen, auch einen großen Redner habe Griechenland nach Isokrates nicht mehr hervorgebracht. In der Entwicklung der zeitgenössischen, römischen Künste lasse sich dasselbe Phänomen feststellen. Abgesehen von denjenigen, die rühmenswert sind, weil sie in einem rein chronologischen Sinn die ersten waren und die auch Gracián von seiner Strategie der Innovation durch Abweichung ausnimmt, habe die Literatur in Cicero einen Höhepunkt erreicht, der alles Frühere ungenießbar mache. Es sei die *aemulatio*, so Velleius Paterculus, die einerseits innerhalb kürzester Zeit die modellbil-

---

ten), *De laconismo syntagma*, von 1609 zu verweisen. Darin heißt es z.B. in einer hübschen Alliteration: „Odiosus ornatus, si onus est" (S. 37). Den rhetorischen Einfluß von Lipsius und seiner Schule hat schon zu Beginn unseres Jahrhunderts Morris W. Croll in verschiedenen Aufsätzen herausgearbeitet; heute versammelt in Morris W. Croll, *„Attic" and Baroque Prose Style. The Anti-Ciceronian Movement*, hg. von J. M. Patrick / R. O. Evans / J. M. Wallace, Princeton 1966. Vgl. auch die zusammenfassende Darstellung bei George Williamson, *The Senecan Amble*, Chicago 1951.

[16] Zur rhetorischen Funktion dieser Exkurse bei Velleius Paterculus vgl. Velleius Paterculus, *Histoire romaine*, hg. von Joseph Hellegouarc'h, Bd. 1, *Introduction*, S. XXIV; sowie Joseph Hellegouarc'h, „Les buts de l'oeuvre historique de Velleius Paterculus", in: *Latomus* 23 (1964), S. 669-684, insb. S. 676ff.

denden Meisterwerke hervortreibe, welche dann ihrerseits einen weiteren
Fortschritt der Künste in den jeweiligen Gattungen unterbinden:

> Alit aemulatio ingenia, et nunc invidia, nunc admiratio imitationem accendit,
> naturaque quod summo studio petitum est, ascendit in summum difficilisque
> in perfecto mora est, naturaliterque quod procedere non potest, recedit.
> (I,17,6)

Der Imitation verbindlicher Gattungsmuster liegt stets die *aemulatio*, oder
gar die *invidia*, zugrunde. Sie muß daher immer dann aufgegeben werden,
wenn nicht mehr gehofft werden kann, das Imitationsvorbild zu übertreffen.
In diesem Fall ist vielmehr die überraschende Wendung zu einer „materia
nova" vonnöten.

> Et ut primo ad consequendos quos priores ducimus accendimur, ita ubi prae-
> teriri aut aequari eos posse desperavimus, studium cum spe senescit, et quod
> adsequi non potest, sequi desinit et velut occupatam relinquens materiam
> quaerit novam, praeteritoque eo, in quo eminere non possumus aliquid, in quo
> nitamur, conquirimus. (I,17,7)

Die Galerie der gattungsbildenden Autoren breitet Velleius Paterculus in
einem Exkurs des zweiten Buches aus, der von erstaunlich intensiven literarischen Interessen bei einem Historiker zeugt. Während auf dem Gebiet der
Eloquenz Cicero und seine Schüler allen Früheren den Ruhm geraubt haben,
seien auf dem der Literatur Varro, Lukrez, Catull, Tibull und Ovid[17],
„perfectissimi in forma operis sui" (II,36,3), in ihrer jeweiligen Gattung
nicht mehr überbietbar. In der Historie sei Thukydides von Sallust übertroffen worden[18] und habe wiederum in Livius seinen gattungsvollendenden
Meister gefunden. Über allen erhebe sich aber der Stern Vergils, des
„princeps carminum" (ebd.). Die Literatur der augusteischen Zeit habe
damit eine Perfektion erreicht, die immanent nicht weitergeführt werden
könne. Die *aemulatio* muß an diesem Punkt einen Gattungswechsel produzieren, dessen Richtung Velleius Paterculus allerdings völlig offen läßt.

---

[17] Auffallend ist in dieser Liste die Abwesenheit von Horaz und die Bevorzugung von
Ovid. Das Urteil von Velleius Paterculus deckt sich hier wie auch sonst mit dem der
Rhetorenschulen, wie es in den *Controversiae* von Seneca d.Ä. überliefert ist. Zum
Gebrauch von Ovid in den *declamationes* vgl. *Sénèque le Rhéteur, Controverses et
Suasoires*, hg. von Henri Bornecque, Paris 1932, Bd. 1, S. 225ff. Zur Auslassung von
Horaz vgl. Kuntze, *Zur Darstellung des Kaisers Tiberius und seiner Zeit bei Velleius
Paterculus*, S. 295. Zu dessen literarischen Urteilen allgemein vgl. Lana, *Velleio Patercolo o della propaganda*, S. 269ff.

[18] Vgl. auch *Sénèque le Rhéteur, Controverses et Suasoires*, Bd. 2, S. 207.

Ausgenommen vom Zwang zur *aemulatio* sind bei Velleius Paterculus wie bei Gracián nur die tatsächlich historisch ersten. Bei genauerem Hinsehen findet schon der erste Satz des besprochenen Kapitels aus *El Héroe* sein Vorbild beim römischen Historiker. Gracián spielt darin auf den unschätzbaren Vorteil des ersten aller Dichter an: „Hubieran sido algunos fénix en los empleos, a no irles otros delante. Gran ventaja el ser primero, y si con eminencia doblada" (16b). Bei Velleius Paterculus heißt es über Homer: „In quo hoc maximum est, quod neque ante illum, quem ipse imitaretur, neque post illum, qui eum imitari posset, inventus est" (I,5,2).[19] Velleius Paterculus' Theorie der *aemulatio*, die in der römischen Literatur im übrigen keineswegs vereinzelt dasteht, sondern zwischen denjenigen von Cicero und Quintilian situiert werden kann,[20] zielt nicht allein darauf ab, die kulturelle Überlegenheit Roms gegenüber Griechenland zu demonstrieren, worauf Cicero abgehoben hatte, um die Kolonisierung der hellenistischen Welt zu rechtfertigen.[21] Vielmehr soll darüber hinaus die kulturelle Überlegenheit der römischen Kaiserzeit gegenüber der Republik dargelegt werden,[22] was sich in Graciáns Literaturkonzept nicht schlecht einfügt.

Liest man das Kapitel, das der Altphilologe Eugen Cizek der Literaturtheorie von Velleius Paterculus gewidmet hat, fühlt man sich zum Teil wörtlich an den oben referierten Aufsatz von Ulrich Schulz-Buschhaus über Gracián erinnert. „Velleius ne croit pas aux vertus de l'imitation",[23] heißt es, vielmehr stehe er ebenso wie sein Nachfolger Seneca d.J. aller Normenpoetik ablehnend gegenüber.[24] Wie immer es aber auch mit dem Verhältnis von Velleius Paterculus, Seneca und Pseudo-Longinos bestellt sein mag, die Cizek ziemlich umstandslos als Vertreter der neuen, anticiceronianischen

---

[19] Diese Sentenz von Velleius Paterculus wird in Graciáns *Agudeza y arte de ingenio* als Beispiel für die „conceptos por disparidad" ausdrücklich zitiert (311a). Die Passage zeigt auch, daß die berühmte Homer-Kritik von J. C. Scaliger bei Gracián vermutlich keine Rolle gespielt hat, denn bei Scaliger fällt der Vergleich zwischen der *ars* Vergils und der *natura* Homers ganz zu Ungunsten des letzteren aus.

[20] Vgl. Luigi Alfonsi, „La dottrina dell' *aemulatio* in Velleio Patercolo", in: *Aevum* 40 (1966), S. 375-378.

[21] Ettore Lepore, „Da Cicerone a Ovidio. Un aspetto di storia sociale e culturale", in: *La Parola del Passato* 13 (1972), S. 81-130.

[22] Die kulturelle Überlegenheit der Kaiserzeit wird auch dadurch nicht aufgehoben, daß Velleius Paterculus für die Zeit des Tiberius einen gewissen Verfall einzuräumen scheint, vgl. II,36,3.

[23] Eugen Cizek, *L'époque de Néron et ses controverses idéologiques*, Leiden 1972, S. 275.

[24] Ebd., S. 305. Zu Velleius' „Poetik" vgl. neuerdings auch Michael von Albrecht, *Geschichte der Römischen Literatur*, München/New Providence/London/Paris 1992, Bd. 2, S. 846.

Schule äquivalent setzt, wichtig ist in unserem Zusammenhang seine Beschreibung des Stils des römischen Historikers, an dem Gracián, wie wir im folgenden zeigen möchten, sich auch explizit orientiert hat. Velleius Paterculus schreibe den in historischen Texten bis dahin ganz unüblichen rhetorischen Stil der Deklamationsschulen,[25] wie er in den *Controversiae* und den *Suasoriae* von Seneca d.Ä. sein Dokument gefunden hat,[26] d.h. er suche beständig, genau wie Gracián, nach „la formule lapidaire et pathétique".[27] Er sei damit der erste Autor des neuen, nach-ciceronianischen Stils, der sich durch *vigor*, *brevitas*, *color poeticus*, *varietas*, *cultus*, vor allem aber durch den ausgiebigen Gebrauch von *sententiae* auszeichne.[28] Seine Vollendung habe dieser Stil, der durch die Vermittlung von Justus Lipsius auch für Gracián vorbildlich geworden ist, dann bei Seneca d.J. erreicht.[29]

Die Rezeption von Velleius Paterculus begründet sich also nicht nur auf einer allgemeinen Vorliebe für abgelegene Autoren,[30] wie sie in Graciáns

---

[25] Diese Beobachtung schon bei Eduard Norden, *Die antike Kunstprosa*, Leipzig 1915-18, Bd. 1, S. 302.

[26] Senecas *Controversiae* sind Übungshefte des „in utramque partem disserere" zu häufig höchst artifiziellen und komplizierten Rechtsfällen. Sie bieten jeweils eine oder mehrere Reden für die eine und die andere Seite, Möglichkeiten der logischen *divisio* des vorliegenden Fallen und weisen abschließend unter den *colores* eigens auf die verwendeten oder verwendbaren Sentenzen hin. Seneca selbst steht allerdings einer allzu starken Sucht nach Sentenzen durchaus ablehnend gegenüber, vgl. z.B. *Controverses et Suasoires*, Bd. 2, S. 544.

[27] Cizek, *L'époque de Néron et ses controverses idéologiques*, S. 275.

[28] Ebd., S. 273. Zur genauen Beschreibung der Sentenzenproduktion bei Velleius Paterculus vgl. die „Introduction" zur von Joseph Hellegouarc'h besorgten Ausgabe, S. LXIIff.

[29] Pierre Laurens hat sehr schön gezeigt, daß Ciceros Unterscheidung zwischen der „oratio fluens" der Philosophen und Historiker und der „contorta et acris oratio" der Rhetoriker bei Quintilian zwar noch auftritt, aber nun in die Rhetorik selbst verlagert wird. Als Grund führt er an, daß zu Quintilians Zeit die Philosophen wie die Historiker (also z.B. Velleius Paterculus), die *oratio soluta* aufgegeben haben (*L'abeille dans l'ambre*, Paris 1989, S. 288).

[30] Die Episode von Caesar bei den Piraten aus *El Héroe*, wo Caesar mit solchem „natural imperio" bzw. „señorío innato" auftritt, daß er „era más señor de ellos" (26b), geht vermutlich nicht auf Velleius Paterculus zurück. Zwar gehört die *Historia romana* zu den wenigen Quellen, die diese Episode enthalten (II,41,3-II,42,3), doch hält Gracián ausdrücklich fest, Caesar sei auf eine Insel entführt worden; was Velleius Paterculus nicht berichtet. Vermutliche Quelle ist Valerius Maximus, *Facta et dicta*, VI,9,15. Zur Diskussion dieses Exemplums vgl. Léon Herrmann, „Deux épisodes de la vie de César", in: *Revue Belge de Philologie et d'Histoire* 7 (1937), S. 577-598. Zum Verhältnis von Valerius Maximus zu seinem Zeitgenossen Velleius Paterculus (beide haben vermutlich dieselben Quellen benützt) vgl. Maria Luisa Paladini,

Agudeza reichlich bezeugt wird, und auch nicht nur auf dem gemeinsamen Interesse, die kulturelle Überlegenheit monarchischer Zustände zu behaupten, sondern auf der Geltung eines präzisen Stilmodells. Genau in diesem Sinn, nämlich als Sentenzensammlung, wird die *Historia romana* in der *Agudeza y arte de ingenio*, die am ehesten einen Einblick in Graciáns Werkstatt erlaubt, auch tatsächlich ausgewertet. Wir müssen die spezifischen Techniken der *agudeza*, die Gracián an Velleius Paterculus illustriert, samt der Übersetzungsübungen, die einen nicht unbeträchtlichen Teil des Textes ausmachen, kurz vorführen.[31]

Schon im zweiten Kapitel der *Agudeza* wird Velleius Paterculus als „culto" in die Galerie der Musterautoren der „agudeza ilustrada" aufgenommen. Gracián zitiert und übersetzt eine Sentenz über Pompeius: „Ayer

---

[31] „Rapporti tra Velleio Patercolo e Valerio Massimo", in: *Latomus* 16 (1957), S. 232-251.
Außerhalb der *Agudeza* sind die Zitate von Velleius Paterculus bei Gracián sehr rar. In *El Político* heißt es über Julius Caesar: „Si bien ponderó el profundo Cayo Veleyo que, en acabándose los empleos militares, acabó él" (60a). Ich habe allerdings zu diesem Zitat keine Belegstelle bei Velleius Paterculus gefunden. Im *Oráculo manual* weist die kritische Edition von Miguel Romera-Navarro (Madrid 1954, *Revista de Filología Española*, Anejo LXII) zwei Zitate von Velleius Paterculus aus. Davon ist eines zumindest problematisch. Der Aph. 292 endet mit den Sätzen: „Preciávase el grande Augusto de ser mayor hombre que príncipe. Aquí vale la alteza de ánimo y aun aprovecha la confiança cuerda de sí." Romera-Navarro kommentiert vage: „No estaba en el carácter nobilísimo del emperador Augusto preciarse de nada. En el relato que él mismo hace de los actos de su vida pública (*Res gestae divi Augusti*), recogido por Patérculo, refiere el emperador sus acciones simplemente, sin explicaciones, observaciones ni comentarios; ese relato brevísimo ... es uno de los más extraordinarios y impresionantes documentos que yo he leído: tan notables los hechos, tan nobles y sobrias las palabras; el lector saca la conclusión clarísima de que, en efecto, tan grande emperador podía preciarse de ser aún mayor hombre" (S. 569). Romera-Navarro wie auch sein Autor Gracián übersehen, daß Augustus sich vor allem deshalb nur als *primus inter pares* vorgeführt und republikanische Formen fortgesetzt hat, um die altrömische Senatsopposition, der sein Vorgänger zum Opfer gefallen war, zu besänftigen. Vgl. hierzu Jochen Bleicken, „Prinzipat und Republik", in: *Sitzungsberichte der wissenschaftlichen Gesellschaft an der J. W. Goethe-Universität Frankfurt/Main*, Bd. 27, Wiesbaden 1991, S. 77-94. Wichtiger in unserem Zusammenhang ist jedoch, daß die *Res gestae divi Augusti*, von wem auch immer sie verfaßt sein mögen, vermutlich nicht von Velleius Paterculus stammen. Die Ausgabe von Batllori/Peralta merkt zu diesem Aphorismus denn auch nur an: „No hemos hallado la fuente de este dicho de Augusto" (S. 438a). Der andere Hinweis von Romera-Navarro auf Velleius Paterculus ist demgegenüber korrekt, vgl. Aph. 297, S. 575f., Velleius Paterculus II,14,3. Batllori/Peralta verweisen zu diesem Passus dagegen auf Seneca, *Epist.* 11,8. Die Herkunft zumindest des letzten Satzes von Aph. 297 aus Velleius Paterculus ist jedoch eindeutig.

le faltaba la tierra para la vitoria, hoy le falta para la sepultura" (239b).³² In technischer Hinsicht bringt dasselbe Kapitel wenig später ein weiteres Zitat als Exempel für die „primorosa concordancia", oder „armónica correlación", welche den *concepto* ausmachen (241b). Nach einem „gran pensamiento de Patérculo" sei Cicero zu verdanken „el no quedar vencidos del ingenio de aquellos cuyas armas vencimos" (242a).³³ Die *Historia romana* dient aber auch zur Erläuterung der „agudeza por ponderación misteriosa" im sechsten Kapitel,³⁴ der „conceptos por disparidad" im 16. Kapitel³⁵ sowie der „crisi juiciosa" im 28. Kapitel.³⁶ Aber erst das 60. Kapitel über „la perfección del estilo en común" und die darauf folgenden schwingen sich zu einer systematischen Analyse der Technik von Velleius Paterculus und einiger anderer Historiker, vor allem natürlich von Tacitus, aber auch von Florus und Curtius, auf.³⁷ Gracián zitiert und übersetzt eine ganze Seite lang Sentenzen aus der *Historia romana*, deren Verfasser nun ausdrücklich als das „non plus ultra de la agudeza, del aliño y de la elocuencia" (504b) in die Reihe der Modellautoren aufgenommen wird. Gracián hebt dabei vor allem zwei Kunstgriffe zur Produktion von *conceptos* hervor, nämlich die „conceptos

---

[32] Da keine der verfügbaren Gracián-Ausgaben die Belegstellen von Velleius Paterculus ausweist, erlaube ich mir, die notwendigen Fußnoten hier nachzutragen: „Pridie natalem ipsius vitae fuit exitus, in tantum in illo viro a se discordante fortuna, ut cui modo ad victoriam terra defuerat, deesset ad sepulturam" (II,53,3). Wenig zuvor hatte Velleius Paterculus festgestellt, Pompeius sei zu einem solchen Ruhm gelangt, „super quod ascendi non potest" (ebd.). Auch hier also gilt das Gesetz der *aemulatio*, auf einen Gipfelpunkt kann nur der Absturz folgen.

[33] „Per haec tempora M. Cicero, qui omnia incrementa sua sibi debuit, vir novitatis nobilissimae et ut vita clarus, ita ingenio maximus, qui effecit, ne quorum arma viceramus, eorum ingenio vinceremur" (II,34,3).

[34] „Fue muy sazonada la de Cayo Veleyo, careando a Mario, desterrado a Cartago, con las ruinas desta memorable ciudad: Toleró (dice) su penosa vida en una choza, donde Mario, contemplando a Cartago, y ella mirándole a él, pudiesen recíprocamente consolarse" (266b). Vgl.: „Cum Marius aspiciens Carthaginem, illa intuens Marium, alter alteri possent esse solatio" (II,19,4).

[35] Gracián schreibt Velleius Paterculus eine „acostumbrada sutileza" zu und zitiert: „El primero de los Cipiones (dice) abrió camino al valor romano, y el segundo a la flaqueza" (310a-b). Es handelt sich bei Velleius Paterculus um die Eröffnungssentenz zum zweiten Buch: „Potentiae Romanorum prior Scipio viam aperuerat, luxuriae posterior aperuit" (II,1,1).

[36] „Artificiosamente, de Mario, dijo Patérculo: Murió aquel varón grandemente dañoso en la guerra para los enemigos, en la paz para los amigos" (379a). Vgl.: „Vir in bello hostibus, in otio civibus infestissimus" (II,23,1) Gracián fügt hinzu, allein solche Sentenzen „hacen muy agradable la narración de la historia" (ebd.).

[37] Vgl. schon zu Beginn des „Discurso LX": „No es cuerpo el de Cayo Veleyo, ni el de Lucio Floro, pues que ambos son espíritus" (497b).

de correspondencia y proporción"[38] und umgekehrt die bei dem römischen Historiker besonders häufigen und geschickt eingesetzten „conceptos de improporción".[39] Im Abschluß seiner Anleitungen zum perfekten Prosastil führt Gracián seine Imitationsvorbilder in den folgenden Termini vor:

> Oh tú, cualquiera que aspiras a la imortalidad con la agudeza y cultura de tus obras, procura de censurar como Tácito, ponderar como Valerio, reparar como Floro, proporcionar como Patérculo, aludir como Tulio, sentenciar como Séneca, y todo como Plinio! (506b)

Voraussetzung für diese Bevorzugung eines sententiösen Prosastils ist die Ablösung der *narratio* aus dem rhetorischen Kontext der Gerichtsrede, bei der stets die *perspicuitas* die Zentraltugend gewesen war, und die Bevorzugung der epideiktischen Gattung. Für Gracián steht nunmehr fest, daß „las sentencias y las crisis sazonan la historia, que sin estos dos resabios es insulsa la narración".[40]

---

[38] Gracián zitiert hierzu: „Tal fue aquella de César, que el imperio que había adquirido con las armas, lo había de haber conservado con las mismas." (504b). Vgl.: „Ut principatum armis quaesitum armis teneret" (II,57,1).

[39] Gracián bringt hierzu gleich fünf Exempel aus Velleius Paterculus. „Dice hablando de Cicerón: Nadie hubo que defendiese la salud de aquel que por tantos años había defendido la salud pública de la ciudad y la privada de tantos ciudadanos" (504b). Vgl.: „Cum eius salutem nemo defendisset, qui per tot annos et publicam civitatis et privatam civium defenderat" (II,66,2). „De la liga que hicieron entre sí César, Pompeyo y Craso, dice que fue tan dañosa y fatal para ellos mismos como lo fue para la República" (505a). Vgl.: „Inita potentiae societas, quae urbi orbique terrarum nec minus diverso quoque tempore ipsis exitabilis fuit" (II,44,1). Die von Gracián zitierte Version hat eine etwas andere Wortstellung, von der aus man vielleicht auf die von Gracián benützte Ausgabe zurückschließen könnte. „Hablando de Catilina, dice que no con menos diligencia acompañó sus consejos ocultos que manifiestos" (505a). Vgl.: „At Catilina non segnius conata obiit, quam sceleris conandi consilia inierat" (II,35,5). Gracián schreibt an dieser Stelle „nota" statt „conata" und bringt sich damit um das eigentliche Wortspiel. Auch von dieser Passage aus könnte die von ihm benützte Ausgabe erschlossen werden: „Contrapone elegantemente la ambición de Pompeyo en procurar las honras, y su moderación en deponerlas" (505a). Vgl.: „In adpetendis honoribus immodicus, in gerendis verecundissimus, ut qui eos ut libentissime iniret, ita finiret aequo animo, et quod cupisset, arbitrio suo sumeret, alieno deponeret" (II,33,3). „Artificiosa disonancia esta, en que pinta el miserable estado de Roma, tiranizada de Sila: *Ne quid unquam malis publicis deesset, in qua Civitate semper virtutibus certatum erat, certabatur sceleribus*" (505a). Velleius Paterculus befaßt sich in II,28 mit Sulla, der von Gracián zitierte Passus taucht dort jedoch nicht auf.

[40] 379b; vgl. auch den gesamten „Discurso LXIII, De las cuatro causas de la agudeza", 514a-516b.

Es ist deutlich geworden, daß Velleius Paterculus in jedem Fall zu den Autoren Graciáns gehörte, aus denen er die Beispiele seiner Sentenzentechnik bezog. Jeder Autor war gehalten, sich Florilegien an wiederverwendbaren Versatzstücken anzulegen, die die *Agudeza* über weite Strecken ausbreitet. Weiterhin fällt auf, daß Graciáns Zitate ausnahmslos aus der ersten Hälfte des zweiten Buches von Velleius Paterculus stammen, also bevor der eigentliche Panegyrikus auf Tiberius einsetzt, auf den das gesamte Werk zuläuft. Für die Geschichte des zweiten römischen Kaisers und seines Günstlings Seianus war für Gracián offenbar ausschließlich Tacitus zuständig, der sich mit seinem völlig negativen Bild Tiberius' im Widerspruch zu Velleius Paterculus befindet. Jenseits der Illustration formaler Kunstgriffe waren also inhaltliche Gesichtspunkte an dieser Stelle für Gracián ausschlaggebend.

Velleius Paterculus kam Gracián über seine Theorie der *aemulatio* hinaus demnach in mehrfacher Hinsicht entgegen: er behandelt dieselbe Epoche und dieselben Personen wie Tacitus, wobei Gracián vor allem die Schilderung Tiberius' und seines Günstlings Seianus interessiert hat,[41] er bereitet die literarische Technik von Seneca vor, glänzt vor allem in Sentenzen der Proportion bzw. Improportion, und schließlich, dies ist als letzter Punkt festzuhalten, begründet er die panegyrische, epideiktische Geschichtsschreibung, wie sie wenig später in Plinius Panegyrikus auf Trajan, einem der Standardtexte Graciáns,[42] klassisch repräsentiert wird. Die Sekundärliteratur hat die panegyrische, an Kaiser Tiberius gerichtete Tendenz der *Historia romana* immer wieder hervorgehoben und damit ihre historische

---

[41] Seianus galt als Prototyp der vielen gescheiterten *privados* in Spanien von Alvaro de Luna über Antonio Pérez und den Duque de Lerma bis hin zu Olivares. Im Gegensatz zu Tacitus wird Seianus bei Velleius Paterculus nicht als intriganter Giftmörder und Putschist beschrieben, sondern als tüchtiger „adiutor" seines Herren. Ihm gehören sehr deutlich die Sympathien des Autors, denn sowohl Seianus wie Velleius Paterculus gehörten der Schicht der „homines novi" an, die in der Kaiserzeit allmählich die Senatsaristokratie ablöste. Möglicherweise hat Velleius Paterculus sein mehrfach angekündigtes großes Geschichtswerk nicht mehr schreiben können, weil er selbst der Liquidierung Seianus' und seiner Anhänger durch Tiberius zum Opfer gefallen ist. Zum Problem der sog. Verschwörung Seianus' und ihrer Darstellung bei Velleius Paterculus vgl. Dieter Hennig, *Aelius Seianus. Untersuchungen zur Regierung des Tiberius*, München 1975; Eduard Meissner, *Sejan, Tiberius und die Nachfolge im Prinzipat*, Erlangen 1968; und Ann Boddington, „Sejanus, Whose Conspiracy?", in: *American Journal of Philology* 84 (1963), S. 1-16.

[42] Wie oben zitiert, verwendet Gracián immer wieder den Panegyrikus von Plinius d.J. als Mustertext. Damit ist jedoch nicht gesagt, daß er die Übersetzung von Francisco de Barreda (Madrid 1622), wie in der Sekundärliteratur immer wieder behauptet, gekannt und benützt hätte. Vgl. hierzu die stringente Beweisführung bei Werle, *El Héroe*, S. 18ff.

Zuverlässigkeit in Zweifel gezogen.[43] Velleius Paterculus ist wie Gracián ein „écrivain de cour",[44] so Eugen Cizek, oder, in den Worten von Ronald Syme, ein „Schmeichler".[45] In dieser Perspektive dekliniert Velleius Paterculus die Topik des Verhältnisses von *virtus* und *fortuna* durch und hebt jeweils die heroische Tatkraft seiner Helden hervor.[46] Dazu ist treffend beobachtet worden, daß diese Betonung der *virtus* den Ansprüchen der *homines novi* entgegenkam, die sich in der frühen Kaiserzeit anschickten, die altrömische Senatsaristokratie in ihren Herrschaftsfunktionen abzulösen[47] und denen Velleius Paterculus auch persönlich angehörte. In Graciáns Epoche sah diese römische Legitimation der *homines novi* jedoch der machiavellischen Anleitung des „principe nuovo" zum Verwechseln ähnlich. Das eine konnte im anderen verborgen dennoch transportiert werden.

III.

Die Theorie der *aemulatio*, die Gracián bei Velleius Paterculus gefunden hat, erklärt den Produktionsmechanismus von Spitzenleistungen, macht aber auch, wann immer ein 'klassischer' Gipfelpunkt erreicht ist, überraschende Gattungswechsel erforderlich. Sie manifestiert sich aber nicht allein in der historischen Abfolge der geistigen und sonstigen Heroen, deren jeweilige *virtus* hervorzuheben wäre, sondern findet zu Graciáns Zeit ihren Ort zunächst in der Praxis des Schulbetriebes. Wie ihr Antonym, die *imitatio*, beschreibt auch die *aemulatio* ein Verfahren der Unterrichtsorganisation. Es kann kaum ein Zweifel daran bestehen, daß der Erfolg der Jesuitenkollegien zu einem nicht geringen Teil auf der bewußt und effektvoll inszenierten *aemulatio* mit einem ausgeklügelten Prämiensystem beruhte. Was Velleius Paterculus wie Gracián als Motiv für die historische Abfolge von Ausnahmepersönlichkeiten ausmachen, wurde im Treibhaus der Kollegien eigens organisiert.

So sah die dritte und definitive Version der *Ratio studiorum* von 1599, die über die Jahrhunderte bis zur Aufhebung des Ordens gültig blieb, unter anderem vor, daß jeweils ein *aemulus* die Fehler seines Nebenbuhlers kor-

---

[43] Am deutlichsten Syme, *Mendacity in Velleius*, S. 47-63.
[44] Hellegouarc'h, *Le buts de l'oeuvre historique de Velleius Paterculus*, S. 684; Kuntze, *Zur Darstellung des Kaisers Tiberius und seiner Zeit bei Velleius Paterculus*, S. 303.
[45] Syme, *Mendacity in Velleius*, S. 53.
[46] Vgl. Lana, *Velleio Patercolo o della propaganda*, S. 221ff.
[47] Hellegouarc'h, *Les buts de l'oeuvre historique de Velleius Paterculus*, S. 674f.

rigiert,[48] welcher nur auf dessen Kosten in der Klasse aufsteigen kann.[49] Ein anderer Kunstgriff bestand darin, die eine Hälfte einer Klasse gegen die andere zu setzen, oder auch ganze Klassen gegeneinander antreten zu lassen. Der Paragraph 31 des 15. Abschnitts der *Ratio* zählt die *aemulatio* ausdrücklich zu den unentbehrlichen „incitamenta studiorum",[50] fügt allerdings aus Gründen, auf die wir kurz noch zurückkommen werden, hinzu, sie habe „honesta" zu sein.

> Concertatio, quae vel magistro interrogante, aemulisque corrigentibus, vel ipsis invicem aemulis percontantibus fieri solet, magnificienda; et quoties tempus permittit, usurpanda, ut honesta aemulatio, quae magnum ad studia incitamentum est, foveatur.

Die Sieger in einem solchen Wettstreit erlangen öffentliche Auszeichnungen, kleine Geschenke, oder einfach Ehrentitel, wie etwa den des *Praetor, Censor* oder *Decurio*, der eine Kohorte innerhalb der Klasse anführen darf, und dergleichen.[51] Besonders erfolgreiche Schüler dürfen auch vor Ablauf des Schuljahres eine oder mehrere Klassen aufsteigen.[52]

---

[48] Cap. XV, *Regulae communes professoribus classium inferiorum*, § 22, 23, 25. Cap. XVI, *Regulae professoris rhetoricae*, § 12. Cap. XVII, *Regulae professoris humanitatis*, § 2, 7. Cap. XVIII, *Regulae professoris supremae classis grammaticae*, § 10. Cap. XIX, *Regulae professoris mediae classis grammaticae*, § 10. Cap. XX, *Regulae professoris infimae classis grammaticae*, § 4, 9.

[49] Cap. XV, *Regulae communes professoribus classium inferiorum*, § 35. Wie Allan P. Farrell nachgewiesen hat, waren die Anweisungen zur *aemulatio* in der offiziellen *Ratio* von 1599 bereits eine gewisse Zurücknahme derjenigen des zweiten Entwurfes von 1591 (vgl. Allan P. Farrell S.I., *The Jesuit Code of Liberal Education*, Milwaukee 1938, S. 290ff.).

[50] Die Jesuitenrhetorik von Bartolomé Alcázar, einem Gründungsmitglied der *Real Academia de la Lengua Española*, hält ausdrücklich fest: „Aemvlatio est ardor consequendo boni, quo alium frui videmus. (...) Provocatur maiorum virtutibus & egregijs facionoribus" (DE RATIONE DICENDI. SIVE I. Aphthonij Sophistae Progymnasmata. II. De Conscribendis Epistolis. III. De Rhetoricâ Facultate Libri tres. Opus ex Optimis Rhetoribus collectum, & in breuissimam formam dilucidamque digestum. (...) AUCTORE P. BARTHOLOMAEO ALCAZAR S.J. Murciano; Olim in Scholis Regijs Collegij Matritensis Publico Eloquentiae Professore. (...) Anno 1688, ... Matriti, ex Typographio Jo. Garciae Infançonis, S. 68).

[51] Cap. XII, *Regulae praefecti studiorum inferiorum*, § 37.

[52] Unmittelbar vor der endgültigen jesuitischen *Ratio* erschien 1598 der kuriose Topoikatalog an standardisierten „descriptiones" von jedem denkbaren Gegenstand zum Gebrauch für Prediger von Melchior de la Cerda S.J. Darunter findet sich auch eine detaillierte Beschreibung der jesuitischen Unterrichtsorganisation. Im Kapitel über die „incitamenta litterarvm" wird festgehalten, die Klassen seien so organisiert, „atque aliis aliae sût superiores, ad quas ex inferioribus datur ascensus, quemadmodû etiam

Im Namen der Orthodoxie wird diese Praxis der *aemulatio* allerdings ganz auf die Literaturklassen im weitesten Sinn, also auf die der Rhetorik, der *Studia humanitatis* sowie auf die Grammatikklassen beschränkt.[53] Sie ist weder in den Kursen der Philosophie noch in denen der Theologie, nicht einmal in denen der Kasuistik, zugelassen. Im Gegenteil sollen die dort stattfindenden unter Umständen öffentlichen *disputationes* vom *Praefectus studiorum* so moderiert werden, daß sie zu einem definitiven Ergebnis in Übereinstimmung mit der vorgegebenen, im wesentlichen thomistischen Dogmatik gelangen.[54]

Trotz solcher Vorsichtsmaßnahmen erhoben sich im Jesuitenorden gegen die Praxis der *aemulatio* schon früh Bedenken. Jerónimo Nadal war von Loyola beauftragt worden, die in ganz Europa aus dem Boden sprießenden Kollegien auf die verwandten Unterrichtsmethoden, Lehrbücher usw. zu überprüfen. Aufgrund seiner Erfahrungen warnte der in seinem Kommentar zum vierten Teil der *Constitutiones Societatis Iesu*, die erstmals die *aemulatio* vorgesehen hatten, vor deren in theologischer Perspektive möglicherweise unerwünschten Folgen:

> Siquidem sancta haec sit aemulatio futura, non incommode haec licentia accideret. Verum, ut est ad humanam gloriam facile proclivis humani cordis infirmitas, circunspecte hoc genere aemulationis erit utendum, ne ubi excolitur ingenium, mens et superbia, vel invidia tentetur, ac periclitetur.[55]

Solche Kritik ist auch im Verlauf der Ausarbeitung der *Ratio studiorum* nicht verstummt. So gab die Provinz Frankreich zum ersten Entwurf der *Ratio* von 1586 zu bedenken, die *aemulatio* stimuliere nicht so sehr den Studieneifer, als vielmehr Neid und Verstellung und stehe überhaupt in

---

de superioribus descendunt ad inferiores, qui suum non tuentur gradum, aut negligentes fuerint" (APPARATVS LATINI SERMONIS PER Topographiam, Chronographiam, Prosopographiam, perque locos communes ad Ciceronis normam exactus. AVCTORE MELCHIORE de la Cerda Societatis IESV, Hispali eloquentiae profeßore. ... HISPALI. Excudebat Rodericus Cabrera. Anno 1598, S. 416).

[53] Dies gilt auch für das Prämiensystem: Cap. XIV, *Leges praemiorum*, § 1.

[54] Vgl. hierzu die folgende Stategie in Cap. III, *Regulae praefecti studiorum*, § 6: „Omnibus disputationibus, ad quas professores sive theologi sive philosophi conveniunt, praefectus praesit oportet; signumque det finiendi iis, qui disputant; ac tempus sic distribuat, ut omnibus suus sit disputandi locus. Non patietur, difficultatem ullam, quae in disputationem veniat, ultro citroque sic agitari, ut non minus, quam antea incomprehensa permaneat; sed postea quam de re quapiam fuerit concertatum, eam ab eo, qui praeest, diligenter explicandam curet."

[55] Jerónimo Nadal S.I., *Scholia in Constitutiones S.I.*, hg. von Manuel Ruiz Jurado S.I., Granada 1976, S. 381, § 383.

Widerspruch zur christlich geforderten *caritas*.⁵⁶ Dennoch ist die *aemulatio* mit den skizzierten Einschränkungen in das obligatorische Studienprogramm der Gesellschaft Jesu eingegangen.

Auf diesem Hintergrund ist es nun möglich, die Position von Baltasar Gracián innerhalb des Ordens ein wenig präziser zu bestimmen. Er plädiert in *El Héroe* und in der *Agudeza*, wie wir gesehen haben, ganz für die innovative Potenz der *aemulatio* und schert sich in keiner Weise um mögliche theologische und moralphilosophische Einwände. Er kann dies relativ bedenkenlos tun, da er in seinen Schriften auch keine dogmatisch festgelegten Themen philosophischer oder theologischer Natur berührt oder zumindest zu berühren scheint, sondern sich ganz auf rhetorische Verfahren konzentriert. Er überschreitet damit nicht die Grenzen des Ordens, bezieht innerhalb dieser jedoch zweifellos eine Extremposition. Dieser relativen Heterodoxie entspricht auch, daß er ohne Zögern und an zentraler Stelle immer wieder die rhetorischen Schriften von Erasmus und Vives benützt, obwohl Loyola ausdrücklich empfohlen hatte, auch diese zu unterdrücken, damit die Schüler erst gar nicht auf die Idee kämen, auch die theologisch häretischen Werke zu lesen,⁵⁷ und obwohl spätestens seit der Herrschaft des Generals Mercurian gerade diese beiden Autoren explizit untersagt waren.⁵⁸ Er benötigt aber gerade diese relativ heterodoxen Rhetoriken zur Konstruktion des

---

[56] „Quod de Academia illa Congregationis dicitur, non est ulli probatum, quia huiusmodi privata Academia solet esse fomentum invidiae, simulatiae atque aemulationis inter auditores nostros, dum quidam glorientur se ex Academia esse, alios vero non, et illi hos saepe contemnant; et parum convenit communi Societatis charitati" (zit. bei Allan P. Farrell S.I., *The Jesuit Code of Liberal Education*, S. 159, Fußnote 5).

[57] Vgl. hierzu die fundamentale Untersuchung von Miguel Batllori S.I., „Las obras de Luis Vives en los colegios jesuíticos europeos del siglo XVI" (1985), heute in: ders., *Humanismo y Renacimiento*, Barcelona 1987, S. 125-149, insb. S. 128ff. Loyolas offizieller Biograph Pedro de Rivadeneira führt diese Abneigung gegen Erasmus auf eine quasi-göttliche Intuition zurück. Die Lektüre von Erasmus' *De milite christiano*, rief, so Rivadeneira, bei Loyola folgende Reaktion hervor: „advirtió una cosa muy nueva y muy maravillosa, y es, que en tomando este libro [...] y comenzando a leer en él, juntamente se le comenzaba a [...] enfriársele la devoción. Y quanto más iba leyendo, iba más creciendo esta mudanza. De suerte que cuando acababa la lición, le parecía que se le había acabado y helado el ardor que antes tenía. [...] Y [...] al fin echó el libro de sí, y cobró con él y con las demás obras deste autor tan grande [...] aborrecimiento, que después jamás no quiso leerlas él, ni consintió que en nuestra Compañía se leyesen sino con [...] mucha cautela" („Vida de Ignacio de Loyola", in: *Obras escogidas del Padre Pedro de Rivadeneira*, hg. von D. Vicente de la Fuente, BAE 60, Madrid 1952, S. 30a-b).

[58] Miguel Batllori, *Las obras de Luis Vives en los colegios jesuíticos europeos del siglo XVI*, S. 145. Loyolas unmittelbarer Nachfolger, Laínez, scheint gegen Erasmus und Vives weniger Bedenken gehabt zu haben (vgl. S. 141).

ethisch indifferenten, sententiösen Stils der *Agudeza*. Der Modernitätseffekt, den Graciáns Schriften z.B. im siebten Kapitel des *Héroe*, aber auch an vielen anderen Stellen, hervorrufen, erscheint in dieser Perspektive weitgehend als Resultat seiner Beschränkung auf rhetorische Verfahren ohne Rücksicht auf mögliche moralphilosophische Bedenklichkeiten.

Diese Linie läßt sich bis in das politische Schrifttum verlängern. Gracián macht selbstverständlich seine Ausfälle gegen die Staatsraison, unterschreibt aber dennoch nicht die strikt antimachiavellische Position, wie sie vom Jesuiten Pedro de Rivadeneira 1595 begründet worden war, vielmehr rezipiert er auf breiter Front die tacitistische Theoriebildung, die in Spanien von theologisch wie politisch so suspekten Autoren wie Antonio Pérez und Baltasar Alamos de Barrientos eingeführt worden ist. Sowohl in politischer wie in stilistischer Hinsicht liegen Graciáns Präferenzen eindeutig auf den nach-ciceronianischen Musterautoren, zu denen neben Tacitus und Seneca auch Velleius Paterculus gehört.

Ob daraus notwendig auch eine anti-ciceronianische Position folgt, die Gracián nun wirklich in Konflikt mit den Normen der *Ratio studiorum* gebracht hätte, ist eine andere Frage. Justus Lipsius jedenfalls hat in seinem Manifest des lakonischen Stils an Cicero als Imitationsvorbild mit dem Argument festgehalten, er sei eben nur das Modell für Anfänger und nicht für diejenigen Könner, die aus den Mühlen der *aemulatio* siegreich hervorgegangen sind.[59] Graciáns strikte Trennung der Genera, von denen jedes über seine spezifischen Meister verfügt, läuft allerdings der Vergleichbarkeit der Autoren untereinander zuwider. Er geht mit anderen Worten das Risiko ein, den Metastatus jenes *optimum genus* aufzulösen, der für den Jesuitenorden durch den Ciceronianismus verbindlich geregelt war. Die Aufsplitterung des literarischen Kanons nach den verschiedensten Genera erlaubt eine Vervielfältigung der Vorbilder, die miteinander nun nicht mehr in Konflikt zu treten brauchen. Letztlich läßt sich für jeden der geschichtlichen Helden, wie sie für die Antike von Plutarch und für die Moderne von Paolo Giovio versammelt worden waren,[60] die Kategorie finden oder erfinden, in der sie als die ersten gelten dürfen. Der Terminus, den Gracián verwendet, um jedem Protagonisten sein passendes Prädikat zuzuweisen, heißt „crisis".

---

[59] Anfängern empfiehlt Lipsius: „Cicero non praecipuus sulùm legatur, sed solus" (*Epistolica institvtio*, S. 21). Weiterhin werden Anfängern die Schriften der strikten Ciceronianer (genannt werden Manutio, Sadoleto, Bembo und Longolio) empfohlen. Danach aber: „At in Crescentem & Iuuenilem Imitationem alios admitto" (S. 22), nämlich Quintilian, Curtius, Livius, Caesar, Plautus, Terenz und eben Velleius Paterculus. Für den wirklichen Könner lassen Lipsius wie Gracián keine Imitationsregeln mehr zu: „Legat, videat, & flores ex omni prato carpat" (S. 23).

[60] Vgl. *El Héroe* XVIII, S. 31b.

Noch die Kapitel des Romans *El Criticón* werden „crisi" heißen, aber schon in *El Héroe* wird eine „crisis integérrima" verlangt, um den „catálogo de la fama" zusammenzustellen (XVIII, S. 31b). Ihre Aufgabe, so präzisiert dann *El Discreto* besteht im „dar su definición a cada príncipe y su aplauso a cada héroe" (V, S. 92b). Für denjenigen, der danach strebt, der erste und möglichst einzige seiner Art zu sein, folgt daraus ein unerbittlicher Zwang zur Spezialisierung, er muß „cifrar toda una categoría y equivalerla" (*Héroe* VI, S. 15a).[61] Eine gewisse anti-aristotelische Tendenz ist in dieser Argumentation unverkennbar, denn es sind nicht mehr die allgemeinen Formen, die Dauer garantieren, sondern gerade die radikal individualisierten. Graciáns Terminus der „crisis", welcher für die Heroen und ihre *aemuli* die passende Kategorie bereitstellt, läßt sich wohl am ehesten als Urteilskraft umschreiben. Nach Kants berühmter Unterscheidung setzt die „subsumierende Urteilskraft" ein vorgegebenes Kategoriensystem voraus, während die „reflektierende Urteilskraft" zu den beobachteten Einzelerscheinungen die allgemeinere Kategorie erst finden muß.[62] Wie das sehr offene, zum Teil auch beliebige und redundante Gattungssystem der *Agudeza*, aber z.B. auch die durchaus vertauschbaren Attribute, die Gracián seinen historischen Musterautoren zuweist, zeigen, ist die Gattungsaufsplitterung unter dem Druck der *aemulatio* an einen Punkt gelangt, an dem mit Subsumption unter präexistente Allgemeinbegriffe nicht weiter gearbeitet werden kann. Jedenfalls wird das aristotelische Gattungssystem fast uferlos erweitert.

Ein anderes Problem, das wir hier offen lassen müssen, liegt darin, wie weit der von Gracián empfohlene Gattungs- und Stilwechsel, um im Wettstreit der *ingenia* erfolgreich zu sein, sich noch innerhalb der Grenzen der Progymnasmata-Übungen der Jesuitenkollegien bewegt. So ist es durchaus möglich, von seinem jeweiligen *aemulus* in einer bestimmten Gattung besiegt zu werden, ihn dann aber in einer anderen zu schlagen. Die kategorialen Einteilungen der *Agudeza* weisen mit dem Gattungssystem der ihrerseits wieder heterogenen Progymnasmata sehr weitgehende Ähnlichkeiten, aber auch keine perfekte Deckungsgleichheit auf. Erst eine solche Untersuchung könnte zeigen, in welchem Maß auch die gattungssprengende Potenz der *aemulatio*, die Velleius Paterculus nur angedeutet hatte, bereits in den Schulübungen verankert war.

---

[61] Ebd., S. 31a: „Propóngase en cada predicamento los primeros, no tanto a la imitación cuanto a la emulación".
[62] Kant, *Kritik der Urteilskraft*, hg. von Karl Vorländer, Leipzig 1924, S. 248f.

Helmut C. Jacobs

Der Roman *Viages de Enrique Wanton a las tierras incógnitas australes y al país de las monas* von Gutierre Joaquín Vaca de Guzmán im Kontext der utopischen Reisebeschreibungen des 18. Jahrhunderts

Während von Spanien im Siglo de Oro entscheidende Impulse für die Entwicklung des europäischen Romans ausgingen, wobei der Einfluß der *novela picaresca* und von Cervantes' *Don Quijote* hervorgehoben werden muß, verlor die Gattung in Spanien noch vor der Mitte des 17. Jahrhunderts an Originalität und Attraktivität und war nur mehr von marginaler Bedeutung. Im 18. Jahrhundert waren die spanischen Romanautoren vor allem von den Entwicklungen der Romanliteratur in England und Frankreich beeinflußt. Im Vergleich mit diesen beiden Ländern, in denen sich der Roman zu einer der wichtigsten literarischen Gattungen herausbildete, ist in Spanien die quantitativ geringe Produktion auffällig. Es wurde sogar die These vertreten, in Spanien habe es im 18. Jahrhundert überhaupt keine Romane gegeben.[1] Dagegen zeigen neuere Untersuchungen zu bisher unbekannten oder erst jetzt entdeckten Texten aus dieser Zeit, daß der spanische Roman im 18. Jahrhundert als lebendiges, beachtenswertes Genre angesehen werden muß und daß durchaus lesenswerte Texte entstanden sind.[2]

---

[1] Diese These findet sich noch in kürzlich erschienenen Studienführern. Vgl. José Luis Gárfer, *El siglo XVIII*, Madrid 1985, S. 68: „La novela española desaparece alrededor de 1630 y surge de nuevo en 1846 con *La gaviota* de Fernán Caballero"; Heinz Willi Wittschier, *Die spanische Literatur. Einführung und Studienführer – Von den Anfängen bis zur Gegenwart*, Tübingen 1993, S. 168: „Im Zeitalter der Aufklärung hat Spanien kaum herausragende Romanliteratur, keine auffallende Novellistik, was erstaunlich ist, weil in Dramatik und Lyrik die großen Traditionen nicht abbrechen."

[2] Vgl. José Montesinos, *Introducción a una historia de la novela en España, en el siglo XIX. Seguida del esbozo de una bibliografía española de traducciones de novelas (1800-1850)*, Madrid ²1966; Juan Ignacio Ferreras, *Los orígenes de la novela decimonónica (1800-1830)*, Madrid 1973; Teresa Barjau Condomines, „Introducción a un estudio de la novela en España (1750-1808)", in: *Boletín del Centro de Estudios del Siglo XVIII* 10/11 (1983), S. 111-130; Manfred Tietz, „Die Aufklärung in Spanien – eine Epoche ohne Roman", in: *Poetica* 17 (1985), S. 51-74; Juan Ignacio Ferreras, *La novela en el siglo XVIII*, Madrid 1987; Joaquín Alvarez Barrientos, *La novela del siglo XVIII*, Madrid 1991 (vgl. die Rezension von Manfred Tietz in: *Notas* 1, 1994, S. 31-34); Joaquín Alvarez Barrientos, „¿Por qué se dijo que en el siglo XVIII no hubo novela?", in: *Insula* 546 (Juni 1992), S. 11-13; Teresa Barjau Condomines, *La novela en España en el siglo XVIII. Teoría y evolución de un género*, Barcelona 1992; Manfred Tietz, „El

Auch die literaturwissenschaftliche Erforschung des italienischen Romans des 18. Jahrhunderts befindet sich noch im Anfangsstadium. Zeitlich parallel, aber unabhängig von der Hispanistik hat die italianistische Forschung in Italien seit den siebziger Jahren damit begonnen, den Roman der italienischen Aufklärungsepoche zu erschließen, ohne daß die deutsche Italianistik diesem Umstand bisher in gebührendem Maße Beachtung geschenkt hätte.[3] Daß im 18. Jahrhundert auch in Italien untersuchenswerte Romane entstanden sind, zeigen zahlreiche Neuausgaben der beiden letzten Jahrzehnte.

Im folgenden soll ein Sonderfall der spanischen Romanproduktion des 18. Jahrhunderts untersucht werden, bei dem nicht der französische oder englische Einfluß im Vordergrund stand, sondern ein spanischer Romancier direkt von einem italienischen beeinflußt wurde. Es handelt sich um den Roman *Viages de Enrique Wanton a las tierras incógnitas australes y al país de las monas* von Gutierre Joaquín Vaca de Guzmán (1733-1808).[4] Dieser war nach

---

proceso de secularización y la problemática de la novela en el siglo XVIII", in: Manfred Tietz / Dietrich Briesemeister (Hg.), *La secularización de la cultura española en el Siglo de las Luces. Actas del congreso de Wolfenbüttel*, Wiesbaden 1992, S. 227-246; ders., „Der spanische Roman im 18. Jahrhundert oder die Verwirrung einer Debatte: zur Gattungszugehörigkeit von T. Almeidas *Hombre feliz* (1785) und V. Martínez Colomers *El Valdemaro* (1792)", in: Axel Schönberger / Klaus Zimmermann (Hg.), *De orbis Hispani linguis litteris historia moribus. Festschrift für Dietrich Briesemeister zum 60. Geburtstag*, Bd. 1, Frankfurt/M. 1994, S. 823-843.

[3] Die einzige umfassende monographische Arbeit, Marchesis *Studi e ricerche intorno ai nostri romanzieri e romanzi del settecento* (Bergamo 1903) wurde 1991 als Faksimile nachgedruckt. Eine dieser Neuausgabe beigefügte, chronologisch geordnete Bibliographie der Forschungsliteratur zeigt, daß in den achtziger und neunziger Jahren fast doppelt so viele Publikationen erschienen sind wie in der Zeit davor. Crottis Forschungsbericht von 1990 demonstriert in ebenso eindrucksvoller Weise, daß der italienische Roman des 18. Jahrhunderts in Italien ein relevantes Forschungsgebiet ist. Vgl. Giambattista Marchesi, *Romanzieri e romanzi del Settecento. Un secolo di romanzo di Luca Toschi. Rassegna bibliografica sul romanzo del '700 di Maura Gori*, Manziana 1991, S. XXIV-XXXVI; Ilaria Crotti, „Rassegna di studi e testi del romanzo italiano nel Settecento", in: *Lettere Italiane* 42 (1990), S. 296-331.

[4] Zugrundegelegt werden folgende Bände: *Viages de Enrique Wanton a las tierras incógnitas australes, y al país de las monas: en donde se expresan las costumbres, carácter, ciencias, y policía de estos extraordinarios habitantes. Traducidos del idioma inglés al italiano, y de éste al Español*. Por Don Joaquín de Guzmán y Manrique, 2 Bde., Madrid 1781; *Suplemento, ó sea tomo tercero de los Viages de Enrique Wanton al país de las monas* [...], Madrid 1785; *Suplemento, ó sea tomo cuarto, y último de los Viages de Enrique Wanton al país de las monas* [...], Madrid 1781. Es handelt sich bei diesen vier Bänden vermutlich um eine zusammengehörige Ausgabe. Warum der dritte Band erst 1785 erschien, ist ungeklärt. – Vgl. Monroe Z. Hafter, „Toward a History of Spanish Imaginary Voyages", in: *Eighteenth Century Studies* 8 (1974/75), S. 265-282, hier S. 273; Pedro Alvarez de Miranda, „Sobre utopías y viajes imaginarios en el siglo

einer juristischen Ausbildung an den Universitäten von Granada und Alcalá seit 1778 in der *Real Chancillería* von Granada als *Alcalde del Crimen y de Hijosdalgo* tätig.[5] Sein Bruder José María Vaca de Guzmán (1744-1816) trat ebenfalls als Schriftsteller hervor, mit lyrischen Texten und dem Epos *Las naves de Cortés destruidas*, mit dem er 1778 den Literaturpreis der *Real Academia Española* gewann.[6]

Vaca de Guzmán wählte das Pseudonym Don Joaquín de Guzmán y Manrique, in dem Elemente seines authentischen Namens enthalten sind.[7] Der Roman *Viages de Enrique Wanton* besteht aus zwei Teilen, die jeweils zwei Bände umfassen. Die vier Bände haben einen Umfang von insgesamt etwa eintausend Druckseiten. Die beiden Bände des ersten Teils sind 1769 in Alcalá und 1771 in Madrid erschienen. Es handelt sich um eine freie Übersetzung des gleichfalls zweibändigen ersten Teils des italienischen Romans *Viaggi di Enrico Wanton alle terre incognite Australi, ed al paese delle Scimie* (Venedig 1749) des Venezianers Zaccaria Seriman.[8] Seriman, als Sohn

---

XVIII español", in: *Homenaje a Gonzalo Torrente Ballester*, Salamanca 1981, S. 351-382, hier S. 370-372; José Escobar / Anthony Percival, „An Italo-Spanish Imaginary Voyage: Zaccaria Seriman (1709-1784) and Joaquín Vaca de Guzmán (1733-1808)", in: Frederick Gerson / Anthony Percival / Domenico Pietropaolo (Hg.), *The Enlightenment in a Western Mediterranean Context. Selected Proceedings of the International Conference held at the University of Toronto, May 14-15, 1982*, Toronto 1984, S. 87-93; José Escobar / Anthony Percival, „Viaje imaginario y sátira de costumbres en la España del siglo XVIII: Los *Viajes de Enrique Wanton al país de las monas*", in: Michael Rössner / Birgit Wagner (Hg.), *Aufstieg und Krise der Vernunft. Komparatistische Studien zur Literatur der Aufklärung und des Fin-de-siècle (Festschrift für Hans Hinterhäuser)*, Wien / Köln / Graz 1984, S. 79-94; Alvarez Barrientos, *La novela del siglo XVIII*, S. 20; Barjau Condomines, *La novela en España en el siglo XVIII. Teoría y evolución de un género*, S. 96-102.

[5] Vgl. Tomás Mendigutía, „D. Gutierre Vaca de Guzmán. Biografía, bibliografía y estudio crítico con algunas composiciones inéditas", in: *Revista de Archivos, Bibliotecas y Museos* 10 (1904), S. 268-278; 11 (1904), S. 111-125, 265-276, 369-379; 12 (1905), S. 429-437. Entgegen der Ankündigung im letzten Faszikel wurde der Artikel nicht fortgesetzt und blieb deswegen unvollständig.

[6] Vgl. Michael Nerlich, *Untersuchungen zur Theorie des klassizistischen Epos in Spanien (1700-1850)*, Genf / Paris 1964, S. 158-160, 246-261.

[7] Vgl. Mendigutía, „D. Gutierre Vaca de Guzmán", S. 123-124.

[8] Zugrundegelegt wird folgende Neuausgabe: Zaccaria Seriman, *Viaggi di Enrico Wanton*, hg. von Gilberto Pizzamiglio, 2 Bde., Mailand 1977; Auszüge sind enthalten in: *Romanzieri del Settecento*, hg. von Folco Portinari, Turin 1988, S. 363-482. – Vgl. Giuseppe Ortolani, „Un romanzo satirico a Venezia sulla metà del Settecento", in: ders., *Voci e visioni del Settecento veneziano*, Bologna 1926, S. 97-133; Marino Parenti, *Un romanzo italiano del Settecento. Saggio bibliografico su Zaccaria Seriman*, Florenz 1948; D. Maxwell White, *Zaccaria Seriman 1709-1784 and the „Viaggi di Enrico Wanton". A Contribution to the Study of the Enlightenment in Italy*, Manchester 1961;

einer adeligen venezianischen Familie armenischen Ursprungs 1709 in Venedig geboren, lernte während seiner Ausbildung im Jesuitenkolleg *Collegio dei Nobili di San Saverio* die lateinischen Klassiker kennen, ein Universitätsstudium in Bologna machte ihn mit den neuen aufklärerischen Gedanken und naturwissenschaftlichen Erkenntnissen bekannt. Er starb 1784, verarmt und vergessen.

Serimans Roman ist konzipiert als Reisebericht in der Ich-Form, der als Übersetzung eines englischen Manuskripts ausgegeben wird, in dem der Engländer Enrico Wanton über die in seiner Jugend zusammen mit seinem Freund Roberto unfreiwillig unternommene Reise in das Land der Affen berichtet. Der junge Engländer Enrico Wanton, von seinem Vater daran gehindert, seinen unwiderstehlichen Wissensdurst zu befriedigen, verläßt heimlich sein Londoner Elternhaus und begibt sich auf ein Segelschiff, das nach Ostindien fährt. Auf dem Schiff trifft er mit Roberto zusammen, einem welterfahrenen, gebildeten Kaufmannssohn, mit dem er Freundschaft schließt. In einem Sturm geht das Schiff unter, und nur Enrico und Roberto können sich an das Ufer eines unbekannten Landes retten, das sie als *Terre Australi* identifizieren. Sie erleben die übliche Robinsonade und richten sich in dem, wie es zunächst scheint, unbewohnten Land ein. Eines Tages entdeckt Roberto, daß das Landesinnere von einem Volk intelligenter, sprechender Affen bewohnt ist. Gefangengenommen von einer Affen-Bauernfamilie, bei denen sie die Landessprache erlernen, werden sie von einem adeligen Affen zunächst in dessen Landhaus, dann in die Hauptstadt *Scimiopoli* geführt, wo sie längere Zeit leben und Roberto zum Berater des Königs avanciert.

In Serimans Buch sind typische venezianische Verhältnisse und Gebräuche ebenso deutlich erkennbar wie bestimmte berühmte Lokalitäten der Lagunenstadt. *Scimiopoli*, die Hauptstadt von Serimans korruptem, von den Moden regierten Affenstaat, ist ein bizarres Abbild des zeitgenössischen Venedig. Dabei werden vorrangig die beiden Klassen des dekadenten Adels und des neureichen Handelsbürgertums dargestellt. Repräsentanten einzelner Berufe wie der unfähige, geldgierige Arzt, der korrupte Winkeladvokat, der schlechte Dichter sind Gegenstand satirischer Überzeichnung.

Serimans Roman *Viaggi di Enrico Wanton* ist einer der ersten originalen italienischen Romane des 18. Jahrhunderts. In der ersten Jahrhunderthälfte gab es in Italien kaum Romane italienischer Autoren. Man las Übersetzungen französischer Romane bzw. Übertragungen von französischen Übersetzungen englischer Romane. Die sogenannten Übersetzungen waren meist freie Bearbeitungen der Vorlagen. Seriman begründete den philosophischen Roman in

---

Paolo Quaglia, „Struttura unitaria e caratteri swiftiani nei *Viaggi di Enrico Wanton*", in: *Giornale Storico della Letteratura Italiana* 160 (1983), S. 481-505.

Italien, als Alternative zu den beliebten Abenteuerromanen und erotischen Romanen. Sein Roman steht darüber hinaus am Anfang einer Reihe fantastischer bzw. utopisch-satirischer Reiseromane aus der Feder italienischer Autoren, zu denen Pietro Chiari[9] oder Giacomo Casanova[10] zählen.

Die *Viaggi di Enrico Wanton* sind inspiriert von Daniel Defoes *Robinson Crusoe* (London 1719), Jonathan Swifts *Gulliver's Travels* (London 1726) sowie deren Fortsetzung *Le nouveau Gulliver, ou Voyage de Jean Gulliver, Fils du Capitaine Gulliver* (Paris 1730) von Abbé Pierre François Huyot Desfontaines (1685-1745).[11] Die italienische Übertragung des Romans von Desfontaines, aus der Feder des mit Seriman befreundeten Kamaldulensers Angelo Calogerà (1699-1766), kam schon ein Jahr später in Venedig heraus.[12]

Vermutlich über einen spanischen Buchhändler mit Geschäftsbeziehungen zur Lagunenstadt ist der zweibändige erste Teil von Serimans venezianischem Roman in die Hände von Vaca de Guzmán gelangt. Im 18. Jahrhundert war ein Großteil des spanischen Buchmarkts fest in venezianischer Hand.[13] Seit dem 16. Jahrhundert exportierten die venezianischen Druker in großem Umfang Bücher nach Spanien. Im 18. Jahrhundert unterhielten einige von ihnen in Spanien sogar ein eigenes Vertriebssystem mit Handelsniederlassungen, und der Höhepunkt des venezianischen Buchexports auf die Iberische Halbinsel war zwischen 1750 und 1755 erreicht, also im Zeitraum unmittelbar nach der Publikation von Serimans Roman.[14] Der Handel mit venezianischen Druckerzeugnissen wurde insbesondere über Cádiz abgewickelt,[15] von wo aus auch die amerikanischen Kolonien beliefert wurden.[16] Auch Seriman, der

---

[9] Vgl. Pietro Chiari, „L'uomo d'un altro mondo", in: *Romanzieri del Settecento*, S. 205-361.

[10] Vgl. Casanova, *Icosameron ou Histoire d'Edouard et d'Elizabeth qui passèrent quatre-vingts-un ans chez les Mégamicres, habitants aborigènes du protocosme dans l'intérieur de notre globe*, Paris 1988.

[11] Vgl. Sybil Goulding, *Swift en France*, Paris 1924, S. 90-93; Harold Wade Streeter, *The Eighteenth Century English Novel in French Translation. A Bibliographical Study*, New York 1936, S. 58; Thelma Morris, *L'Abbé Desfontaines et son rôle dans la littérature de son temps*, Genf 1961, S. 257 und 300-309.

[12] Vgl. Carlo Pagetti, *La fortuna di Swift in Italia*, Bari 1971, S. 20-22.

[13] Vgl. Marcelin Defourneaux, *Inquisición y censura de libros en la España del siglo XVIII*, Madrid 1973, S. 108-109; Mario Infelise, *L'editoria veneziana nel '700*, Mailand 1989, S. 254-261.

[14] Vgl. ebd., S. 255.

[15] Von dort berichtet der Pariser Buchhändler Antoine Boudet (1717-1787) am 10. Februar 1763 nach Paris, daß die meisten über Cádiz nach Spanien importierten Bücher aus Venedig stammten. Vgl. Paul-J. Guinard, „Le livre dans la Péninsule ibérique au XVIIIe siècle. Témoignage d'un libraire français", in: *Bulletin Hispanique* 59 (1957), S. 176-198.

[16] Vgl. Infelise, *L'editoria veneziana nel '700*, S. 260.

1750 die Druckerei von Pietro Valvasense aufgekauft hatte und selbst leitete, exportierte nachweislich 1753 Bücher nach Cádiz, die von dort größtenteils in die Kolonien weitergeschickt wurden,[17] und es liegt nahe zu vermuten, daß er sich auch um die Verbreitung seines gerade publizierten Romans in Spanien bemühte. Vaca de Guzmán kannte außer der venezianischen Erstausgabe auch den 1756 in Neapel erschienenen Nachdruck, dessen Beschaffung aufgrund der engen politischen Verbindungen zwischen Neapel und Spanien, die die Verbreitung neapolitanischer Druckerzeugnisse auf der Iberischen Halbinsel begünstigten, keine Schwierigkeiten bereitet haben dürfte.[18]

Der Erfolg seiner freien Übersetzung des ersten Teils von Serimans Roman veranlaßte Vaca de Guzmán zu einer von Seriman unabhängigen, eigenständigen Fortsetzung, die als dritter und vierter Band 1778 in Madrid erschien, zusammen mit einer Neuauflage der ersten beiden Bände. Der *Suplemento* wird nicht als Übersetzung eines italienischen Textes ausgegeben, sondern als Übersetzung und Umarbeitung von englischen Manuskripten, die in den Niederlanden aufgetaucht seien. Im *Suplemento* werden die aktuellen Gegebenheiten und Mißstände in Spanien literarisch gestaltet, indem sie nach dem von Seriman vorgegebenen Muster auf den Staat der Affen übertragen und dadurch satirisch überzeichnet und verfremdet werden. Enrique Wanton reist mit dem Affen Tulipán und dessen Diener Orozuz durch einige Provinzen und Städte des Affenlandes, wobei sie die Eigenarten der Reisewege, Herbergen, Dörfer und Städte des Landes kennenlernen. Abgeschlossen wird der *Suplemento* mit Fragmenten eines Wörterbuchs, das angeblich der Affe Señor Tomate Enrique als Manuskript übergeben hat. Es findet sich als Anhang am Ende des vierten Bandes.[19] Señor Tomate selbst bezeichnet das Wörterbuch als „un diccionario de à folio, que tengo escrito de arte, y ciencia de Corte".[20] Es enthält die wahre Bedeutung der in *Simiópolis* verwendeten Wörter und

---

[17] Ebd.

[18] Er nennt diese Ausgabe in der *Advertencia* zu seinem *Suplemento, ó sea tomo tercero de los Viages de Enrique Wanton*, S. VIII. Den 1750 ebenfalls in Neapel erschienenen ersten Nachdruck des Romans kannte Vaca de Guzmán offensichtlich nicht. In Neapel wurden viele venezianische Romane in mehr oder weniger großem zeitlichen Abstand als Raubdrucke nachgedruckt. Vgl. Parenti, *Un romanzo italiano del Settecento*, S. 18-22; White, *Zaccaria Seriman 1709-1784 and the „Viaggi di Enrico Wanton"*, S. 141-142; Gustavo Costa, „Modelli narrativi illuministici", in: Pompeo Giannantonio (Hg.), *Cultura meridionale e letteratura italiana. I modelli narrativi dell'età moderna. Atti dell'XI Congresso dell'Associazione Internazionale per gli Studi di Lingua e Letteratura Italiana*, Neapel 1985, S. 287-318, hier S. 304; Gilberto Pizzamiglio, „G.B. Vico e la circolazione editoriale tra Napoli e Venezia nel XVIII secolo", in: ebd., S. 319-331, hier S. 326-237.

[19] Vgl. Vaca de Guzmán, *Viages*, Bd. 4, S. (I)-(IX).

[20] Ebd., S. 23.

dient als eine Art Knigge, mit dem man sich am Hof zurechtfinden soll. Das Lemma *Erudición* wird beispielsweise erklärt als „Arte de hablar en todo, y de entender de todas materias",[21] *Vanidad* als „Un condimiento de pésimos efectos, pero no obstante de general uso".[22]

Vaca de Guzmán erkennt zwar, daß Seriman eine Satire auf die spezifisch venezianischen Verhältnisse verfaßt hat, äußert aber die Überzeugung, man könne alles ohne weiteres auf Spanien übertragen.[23] Im Prolog des ersten Bandes bezeichnet Vaca de Guzmán Serimans Roman als eine allgemeingültige Satire, gerichtet gegen die Unsitten und Laster, die in allen Völkern anzutreffen sind. Vaca de Guzmán rechtfertigt insofern seine Übertragung des italienischen Romans ins Spanische, als er Seriman als Nachfolger und Nachahmer einiger berühmter spanischer Autoren bezeichnet, die er namentlich nennt: Quevedo, Calderón, Cervantes, Saavedra Fajardo und Gracián.[24]

Zu dem Zeitpunkt, als Vaca de Guzmán den ersten Teil von Serimans Roman übersetzte, kannte er offensichtlich noch nicht den bereits 1764 erschienenen zweiten Teil, von dem er wohl erst kurz vor der Veröffentlichung seiner eigenständigen Fortsetzung erfuhr. Seriman schildert im zweiten Teil seines Romans, wie Enrico und Roberto ins Land der Kynokephali, der Hundsköpfigen, gelangen und dort die *Provincia de' Filosofi* bereisen, die aus mehreren Gegenden mit allegorischen Namen besteht. Von dort aus gelangen sie auf einem englischen Schiff wieder nach Europa.

Im Prolog *Al Lector* und in der *Advertencia* zu Vaca de Guzmáns *Suplemento* diskutieren zwei Personen namens Boicocéphalo und Riregüet die Echtheit von Serimans Fortsetzung von 1764, die sie nicht für authentisch halten. Hinter Boicocéphalo und Riregüet verbirgt sich Vaca de Guzmán selbst: *Boicocéphalo* ist das griechische Wort für 'Kuhkopf', also ein Wortspiel mit seinem Nachnamen Vaca. *Riregüet* ist einerseits ein Anagramm des Vornamens Gutierre, andererseits ein Wortspiel mit den französischen Wörtern *rire* und *guet*, was folgendermaßen gedeutet werden kann: jemand, der auf der Lauer liegt, um etwas zu finden, über das er lachen kann. Das Versteckspiel wird am Ende ad absurdum geführt, denn im gemeinsamen Bemühen, dem Leser zu Diensten zu sein, koinzidieren *Boicocéphalo*, *Riregüet* und der Übersetzer: „[...] como si los tres fuésemos una sola persona, pues coinci-

---

[21] Ebd., S. (IV).
[22] Ebd., S. (IX).
[23] Vgl. *Viages*, Bd. 1, S. III: „[...] es una aguda sátira, que mezclada de morales documentos ridiculíza los vicios, de que toda las naciones abundan".
[24] Vgl. ebd.: „[...] parece quiso su Autor [...] imitar en cierto modo à nuestros nunca bien alabados Españoles, Quevedo en la sátira, Calderon en los enlaces, Cervantes en las ficciones, Saavedra en las moralidades, y Gracian en las críticas, usando de los primores de todos estos en sus lugares oportunos".

dimos unanimemente en los vivos deseos de servirle".[25] Mit dem Zweifel an der Echtheit von Serimans Fortsetzung unterstreicht Vaca de Guzmán nicht nur die Authentizität seiner eigenen Fortsetzung, sondern er bringt damit auch seine ablehnende Haltung gegenüber Serimans Fortsetzung zum Ausdruck, denn im zweiten Teil seines Romans kritisiert Seriman vehement den Klerus. Bemerkenswert ist in diesem Zusammenhang Enricos Besuch in der zur *Provincia de' Filosofi* gehörenden Stadt *Astuzia*, deren programmatischer Name *Gerissenheit* und *Intrigen* bedeutet.[26] Hinter *Astuzia* verbirgt sich das päpstliche Rom. Die römische Geschichte wird von Seriman gegen den Strich gelesen, indem er die verklärende heroisierende Lesart ins Gegenteil verkehrt, so daß die sagenhaften Stadtgründer Romulus und Remus beispielsweise als „bastardi uniti ad una truppa di ladri"[27] erscheinen, die das Land der ursprünglichen Bewohner annektiert haben. Die geistlichen Würdenträger werden als „eunuchi"[28] bezeichnet. Die Passage über *Astuzia* ist eine der bissigsten Polemiken gegen die politischen Verhältnisse im Kirchenstaat, die in ihrer unverblümten Härte für die italienische Aufklärung sehr ungewöhnlich ist und deutlich zeigt, wie liberal die venezianische Zensur in den sechziger Jahren mit antiklerikaler Kritik verfuhr. In den nachfolgenden Auflagen der *Viaggi di Enrico Wanton* wurde die Passage über *Astuzia* übrigens fortgelassen. Eine solche antiklerikale Kritik wäre in Spanien nicht erlaubt gewesen und hätte nicht veröffentlicht werden können.[29] Vaca de Guzmáns Roman bezeichnet recht genau die Grenze dessen, was noch veröffentlicht werden durfte, ohne bei der Zensur Mißfallen zu erregen.

Die ideologischen Grundkonzepte in Serimans und Vaca de Guzmáns Romanen unterscheiden sich fundamental voneinander. Seriman rekurriert mit seiner Wahl der sprechenden Affen und Kynokephali auf bis in die Antike zu-

---

[25] *Viages*, Bd. 3, S. VII.
[26] Vgl. Seriman, *Viaggi di Enrico Wanton*, hg. von Gilberto Pizzamiglio, Bd. 2, S. 456-463. Zur *Astuzia*-Episode vgl. White, *Zaccaria Seriman 1709-1784 and the „Viaggi di Enrico Wanton". A Contribution to the Study of the Enlightenment in Italy*, S. 88-93; Gilberto Pizzamiglio, „Introduzione", in: Seriman, *Viaggi di Enrico Wanton*, Bd. 1, S. 22; ders., „G.B. Vico e la circolazione editoriale tra Napoli e Venezia nel XVIII secolo", S. 184: „Sono pagine di una virulenza sconosciuta anche ai più accaniti anticuriali del secolo e che in un personaggio tendenzialmente moderato qual è il Seriman si possono motivare solo con un riaccendersi di polemica antigesuitica".
[27] Seriman, *Viaggi di Enrico Wanton*, Bd. 2, S. 457.
[28] Ebd., S. 458.
[29] Unter den spanischen Romanen gibt es einen einzigen, der antiklerikale Züge aufweist, der anonyme Roman *Cornelia Bororquia*, der Ende des 18. Jahrhunderts in Paris, wohlgemerkt nicht in Spanien, erschienen ist.

rückreichende Traditionen,[30] unter anderem auch auf die allgemein auf Tiere bezogene Tradition des theriophilen Paradoxons, das besagt, daß das Tier dem Menschen durch seine natürlichen Instinkte überlegen, wohingegen der Mensch degeneriert sei.[31] Des weiteren nimmt Seriman aktuelle Themen der naturwissenschaftlichen und philosophischen Diskussion der ersten Hälfte des 18. Jahrhunderts über das Wesen des Menschen und dessen Abgrenzung vom Tier auf und integriert sie in die Handlung seines Romans: Beispielsweise müssen die Menschen, Enrico und Roberto, die Sprachen der Affen bzw. der Kynokephali, durch die diese als vernunftbegabte Lebewesen ausgewiesen sind, als Fremdsprachen erlernen. Seriman propagiert sowohl die Toleranz gegenüber anderen Völkern im Sinne eines grundsätzlichen ethischen Pluralismus als auch die Toleranz gegenüber anderen Lebewesen, vor allem gegenüber den Tieren.

Im Gegensatz zu Seriman interessiert sich Vaca de Guzmán nicht vorrangig für die anthropologische Diskussion über das Wesen des Menschen und deren Verarbeitung in literarischer Fiktion. Für Vaca de Guzmán spielt die Vorstellung des theriophilen Paradoxons nicht nur eine untergeordnete Rolle, er rückt in seinem *Suplemento* sogar von dieser von Seriman vertretenen Konzeption ab. Roberto unterhält sich mit Enrique über den Affen Tulipán, wobei sie ihre Distanz zu dem Affen kundtun, der Enrique lediglich als Mittel dient, um Zugang zu allen Gesellschaftszirkeln im Land der Affen zu erhalten.[32] Tulipán zählt nicht als Persönlichkeit, die dem Menschen ebenbürtig ist, son-

---

[30] Zur Tradition des Affen in der Literatur vgl. William Coffman McDermott, *The Ape in Antiquity*, Baltimore 1938; Horst Woldemar Janson, *Apes and Ape Lore in the Middle Ages and the Renaissance*, London 1952; Rudolf und Susanne Schenda, „Affe", in: *Enzyklopädie des Märchens. Handwörterbuch zur historischen und vergleichenden Erzählforschung*, Bd. 1, hg. von Kurt Ranke, Berlin / New York 1977, Sp. 137-146. – Zur Tradition der Kynokephali in der Literatur vgl. Leopold Kretzenbacher, *Kynokephale Dämonen südosteuropäischer Volksdichtung. Vergleichende Studien zu Mythen, Sagen, Maskenbräuchen um Kynokephaloi, Werwölfe und südslawische Pesoglavci*, München 1968; Claude Kappler, *Monstres, démons et merveilles à la fin du Moyen Age*, Paris 1980, S. 149-152; John Block Friedman, *The Monstrous Races in Medieval Art and Thought*, Cambridge (Massachusetts) / London 1981; Bengt Holbek, „Hundsköpfige", in: *Enzyklopädie des Märchens*, Bd. 6., hg. von Rolf Wilhelm Brednich, Berlin / New York 1990, Sp. 1372-1380.

[31] Vgl. George Boas, *The Happy Beast in French Thought of the Seventeenth Century*, Baltimore 1933, Nachdruck New York 1966; James E. Gill, „Theriophily in Antiquity: A Supplementary Account", in: *Journal of the History of Ideas* 30 (1969), S. 401-412; ders., „Beast Over Man: Theriophilic Paradox in Gulliver's *Voyage to the Country of the Houyhnhnms*", in: *Studies in Philology* 67 (1970), S. 532-549; Dirk Friedrich Paßmann, „*Full of Improbable Lies*": '*Gulliver's Travels*' *und die Reiseliteratur vor 1726*, Frankfurt/M. / Bern / New York / Paris 1987, S. 214-215.

[32] Vgl. Vaca de Guzmán, *Viages*, Bd. 3, S. 25-31.

dern er fungiert als Mittel zum Zweck. Als Enrique zusammen mit Tulipán infolge einer von diesem angezettelten Liebesaffäre vom Hof verbannt wird, schreibt er in einem Brief an Roberto, wie sehr die Gesellschaft Tulipáns seine Würde als Mensch degradiere: „Indigno soi del alto caracter de hombre, pues ni aun entre monos he sabido conservarle".[33] Zwar stellt Vaca de Guzmán die in der Universität von Polymatia geführte Diskussion darüber, ob die Tiere eine Seele besitzen oder seelenlose Maschinen sind, ausführlich dar,[34] aber die ganze Szene disputierender Gelehrter folgt auf die ebenso unsinnige Diskussion über die Frage, ob die Stoßzähne des Elefanten Hörner oder Zähne seien, womit der scholastische Wissenschaftsbetrieb einer spanischen Universität in seiner Erstarrung und Sinnlosigkeit karikiert wird.

Vaca de Guzmán geht es in seinem *Suplemento* vorrangig um die aktuelle Situation in Spanien. Er zielt auf die Verbesserung der politischen, sozialen, ökonomischen Situation seines Landes im Sinne der praktischen Umsetzung aufklärerischer Prinzipien, auf die Abschaffung von Mißständen und Vorurteilen, indem er diese mittels satirischer Verfahren und einer distanzierten Sichtweise aus einer ungewohnten Perspektive beleuchtet. Die Originalität des Textes besteht darin, daß Vaca de Guzmán typisch spanische Eigenheiten persifliert.

Die Fantasienamen der bereisten Lokalitäten lassen sich zum Teil anhand erwähnter Charakteristika und geographischer Besonderheiten mit realen spanischen Städten und Provinzen identifizieren. *Real Sitio* kann als Aranjuez verstanden werden,[35] hinter *Polypiticon* verbirgt sich Cádiz, mit *Fastuaria* ist Sevilla gemeint. Entschlüsselt man die Namen der Städte und Provinzen, erweist sich Enriques und Tulipáns Reiseroute im Königreich der Affen eigentlich als Reise durch Spanien, die von Madrid aus über Aranjuez und weitere Städte zunächst Richtung Süden bis Cádiz führt, von dort geht es Richtung Norden nach Sevilla und von hier aus weiter in östlicher Richtung entlang den Provinzen und Städten der spanischen Mittelmeerküste.

Vaca de Guzmán beschreibt in seinem *Suplemento* den Umbruch innerhalb der spanischen Provinzgesellschaft, in der traditionelle Gebräuche und Sitten, tief verwurzelte Vorurteile und Mißstände kontrastieren mit Moden und neuen Wertvorstellungen, die keineswegs immer für die Verbesserung der Gesellschaft förderlich sind. Verwoben mit Elementen des Abenteuerromans finden sich die typischen Themen der aufklärerischen Kritik der

---

[33] Ebd., S. 177.
[34] Vgl. ebd., S. 227-234.
[35] Trotz des Hinweises auf die Allgemeingültigkeit der dargestellten Lokalitäten gibt Vaca de Guzmán in der *Advertencia* indirekt einen Schlüssel zur Identifizierung der Orte: „Si en la pintura del sitio, en el capítulo IX. se presenta á alguno de tus paisanos un Aranjuéz, un prusiano creerá que vé un Sanssoucí" (ebd., S. XVI).

Zeit: beispielsweise die Satire des scholastischen Wissenschaftsbetriebs der Universitäten, die Kritik an Mode und Luxus, an der Titelsucht. Vaca de Guzmáns Einstellung gegenüber der Aufklärung ist weitaus optimistischer als die von Seriman vertretene skeptische Haltung, die vom blinden Fortschrittsoptimismus vieler Zeitgenossen deutlich absticht. Auffällig, aber angesichts seiner beruflichen Tätigkeit naheliegend ist Vaca de Guzmáns Interesse an juristischen Themen: Kritisiert wird beispielsweise der mangelhafte Praxisbezug und die Unangemessenheit der juristischen Ausbildung an den Universitäten,[36] und die Protagonisten des Romans führen eine lange Diskussion über die Bestrafung eines Räubers.[37]

Doch gerade die Behandlung der für die Iberische Halbinsel spezifischen Themen, die damals vornehmlich in den Kreisen spanischer Aufklärer diskutiert wurden, geben Vaca de Guzmáns Roman sein charakteristisches Gepräge. Mehrere Passagen des *Suplemento* lassen sich als Beitrag des Autors zur Diskussion über Legitimität und Nutzen des Adels lesen. Die spanischen Aufklärer stellten sich die Frage, welchen Nutzen diejenigen Staatsbürger für das Gemeinwohl erfüllten, die nicht arbeiteten. Man kritisierte die *ociosidad* – gemeint war im weitesten Sinne die Nichtnutzung produktiver Kräfte als Grundübel der sozialen und ökonomischen Mißstände des Landes –, vor allem die *ociosidad* der reichen Bürger und des Geburtsadels, dessen gesellschaftliche Berechtigung grundsätzlich in Frage gestellt wurde. Nicht mehr der ererbte Adel, sondern persönliches Verdienst und Können des einzelnen sollten ausschlaggebend sein. In Vaca de Guzmáns *Suplemento* bezeichnet Tulipáns Vater Señor Haya die *ociosidad* als „madre de todos los vicios"[38] und äußert im Gespräch mit seinem Sohn, er wolle, daß dieser arbeite und sich als nützlich für die Gesellschaft erweise: „[...] no deberás tu seguir tan pernicioso exemplo, yo te quiero empleado, y empleado dignamente".[39] Harte Kritik am Dünkel und an der Selbstgefälligkeit des nutzlosen Adels übt ein Alcalde, der über die *hidalgos* bemerkt: „inútiles para sí, inútiles para sus paisanos, è inútiles para todo el mundo [...]".[40] Dennoch bleibt das feudalistische, hierarchisch strukturierte Gesellschaftssystem insofern weitgehend unangetastet, als der Stand des Adeligen nicht prinzipiell in Frage gestellt wird. Ausgehend von der These, Tugenden und verdienstvolle Eigenschaften und Fähigkeiten könnten über Generationen hinweg vererbt werden, wird unterschieden zwischen einer durch Geburt ererbten *nobleza natural* und den persönlichen Verdiensten des jeweiligen Individuums als *nobleza personal*,

---

[36] Vgl. ebd., S. 212-215.
[37] Vgl. ebd., S. 240-254.
[38] Ebd., S. 34.
[39] Ebd., S. 34-35.
[40] *Viages*, Bd. 4, S. 41.

wobei beide vom Adeligen zum Nutzen der Gesellschaft repräsentiert und miteinander vereinbart werden sollen.[41] Implizit enthält der Text also den Appell an den Adel, sich durch Arbeit und Tugend zu erneuern, wobei die Ständeordnung bewahrt wird. Als besondere satirische Spitze fällt eine Lücke im *Diccionario* des Señor Tomate auf, in dem zum Lemma *Nobleza* der entsprechende Eintrag fehlt, angeblich, weil Enrique wegen einiger Tintenflecke die Lektüre der Definition verwehrt war.[42]

Ein prinzipiell ganz ähnlicher, aber weitaus radikalerer Vorschlag zur Verbesserung der aktuellen Situation durch Schaffung einer neuen hierarchischen Gesellschaftsordnung, in der persönliches Verdienst und ererbter Adel zum Nutzen des Staates miteinander vereinbart werden, findet sich im ersten Teil der Utopie über das Land der *Ayparchontes*, die 1784 und 1785 in der Zeitschrift *El Censor* erschien.[43] Es handelt sich angeblich um ein Manuskript eines Reiseberichts, das zufällig bei einem Buchhändler aufgefunden wurde („una descripcion moral y politica de las tierras australes incognitas"[44]). Die *Ayparchontes* sind in drei soziale Klassen unterteilt: die *nobles*, die *plebeyos*, zu denen die Handwerker, Bauern und Händler gehören, und die *infames*, die Kriminellen, die die Ehre verloren haben.[45] Die dreistufige Ständepyramide ist durchlässig und erlaubt dem Individuum entsprechend seinem Verhalten außer der Wahrung seines Standes auch den sozialen Auf- oder Abstieg. Innerhalb des Adelsstandes werden sechs Ranghöhen unterschieden. Ein Adeli

---

[41] Dies stellt der Alcalde folgendermaßen dar: „Pero no tiene duda, que la natural, ò heredada es un camino que conduce rectamente à la personal, porque como todas las cosas vuelven con facilidad à su origen, siendo innegable que toda nobleza de sangre, por antigua que sea, tuvo su principio de la personal, qualquiera sugeto de prosapia ilustre está en una quasi necesidad de no degenerar de su clase, siendole mui facil el camino de la heroicidad, ya porque regularmente, no estando falto de bienes de fortuna, no está expuesto à una baxeza, ya por los exemplos que dentro de casa le subministran aquellos primeros heroes de su familia, que à costa de sus fatigas, y méritos, derivaron à su posteridad sus glorias" (ebd., S. 44).

[42] Vgl. ebd., S. (VII).

[43] Vgl. *El Censor. Obra periódica, comenzada a publicar en 1781 y terminada en 1787*, hg. von José Miguel Caso González, Oviedo 1989, Bd. 3, S. 225-239 (*Discurso LXI*), S. 257-270 (*Discurso LXIII*); Bd. 4, S. 131-150 (*Discurso LXXV*). Der erste Teil der Utopie erschien am 19. Februar 1784, der zweite am 4. März 1784, der dritte wegen eines längeren Verbots der Zeitschrift erst am 20. Oktober 1785. Zur Datierung vgl. ebd., S. 786. Zur Utopie der *Ayparchontes* vgl. Antonio Elorza, *La ideología liberal en la Ilustración española*, Madrid 1970, S. 222-224; Hafter, „Toward a History of Spanish Imaginary Voyages", S. 273-274; José Luis Abellán, *Historia crítica del pensamiento español*, Bd. 3, Madrid 1981, S. 609-611; Alvarez de Miranda, „Sobre utopías y viajes imaginarios en el siglo XVIII español", S. 359.

[44] *El Censor*, Bd. 3, S. 225.

[45] Vgl. ebd., S. 226.

ger kann an seine direkten Nachkommen immer nur die jeweils nächstniedrige Rangstufe vererben. Jemand, der dem höchsten Rang angehört, kann an seinen Sohn nur noch den zweiten Rang übertragen, seinem Enkel den dritten usw., so daß die Familie nach mehreren Generationen der Klasse der *plebeyos* angehört, falls keines ihrer Mitglieder aufgrund besonderer Leistungen innerhalb der sechs Rangstufen des Adels wieder aufsteigt.

Vaca de Guzmán berücksichtigt in seinem *Suplemento* auch die im letzten Drittel des 18. Jahrhunderts in Spanien intensiv geführte Diskussion über den Rang der *artes mechanicae*, wobei sich viele spanische Aufklärer für deren Aufwertung einsetzten,[46] vor allem Pedro Rodríguez, Conde de Campomanes (1723-1803), in seinem *Discurso sobre el fomento de la industria popular* (Madrid 1774).[47] Der Schuhmacher Cáñamo, der Tulipán und Enrique in seinem Haus aufnimmt, geht beim Spaziergang durch die Straßen der Stadt immer hinter seinen Gästen her, respektvoll und mit merklichem Abstand von ihnen. Auf Enriques Frage, warum er dies tue, weist ihn der Schuhmacher auf den Standesunterschied zwischen ihm als armem Handwerker und seinen Gästen als hohen Herren hin:

> [...] ¡pareceria mui bien que un pobre menestral como Yo, fuese igual por la calle con unos Señores de tal clase! [...] Aqui estamos enseñados à estar delante de las personas de gerarquia elevada con una particular sumision, los ojos baxos, el cuerpo con una temerosa compostura, y el sombrero en la mano [...].[48]

Nach der satirischen Bloßstellung der Unsinnigkeit einer solchen Sitte wird dem Schuhmacher von seinen Gästen ausdrücklich die Ehrenhaftigkeit zugesprochen. Der zeitgenössische Leser des Romans mußte diese Passage als Stellungnahme zur Aufwertung der Handwerksberufe verstehen, ein wichtiges

---

[46] Vgl. Antonio Domínguez Ortiz, „Notas sobre la consideración social del trabajo manual y el comercio en el antiguo régimen", in: *Revista de Trabajo* 7 (1945), S. 673-681; ders., „Notas sobre la consideración social de las profesiones liberales en el Antiguo Régimen", in: *Revista de Trabajo* 8 (1946), S. 721-725; Luis Sánchez Agesta, *El pensamiento político del despotismo ilustrado*, Madrid 1953; William J. Callahan, „Crown, Nobility and Industry in Eighteenth-Century Spain", in: *International Review of Social History* 11 (1966), S. 444-464; Antonio Domínguez Ortiz, *La sociedad española en el siglo XVIII*, Barcelona / Caracas / México ²1976, S. 486-487.

[47] Campomanes hat wesentliche Gedanken und ganze Passagen wörtlich aus dem kurz vorher erschienenen, von Manuel Rubín de Celis verfaßten *Discurso sobre el modo de fomentar la industria popular* (Madrid 1774) entnommen. Vgl. Inmaculada Urzainqui / Alvaro Ruiz de la Peña, *Periodismo e Ilustración en Manuel Rubín de Celis*, Oviedo 1983, S. 51-94 (Faksimileausgabe des Textes von Rubín de Celis, ebd., S. 201-266); Juan Francisco Fuentes, „Seis españoles en la Revolución francesa", in: Jean-René Aymes (Hg.), *España y la Revolución francesa*, Barcelona 1989, S. 286-294.

[48] Vaca de Guzmán, *Viages*, Bd. 4, S. 107-108.

Anliegen der spanischen Aufklärer. Kurze Zeit nach Erscheinen der *Viages de Enrique Wanton* erklärte König Karl III. (1759-1788) in der berühmten *Real Cédula* vom 18. März 1783 die handwerklichen Berufe für ehrenhaft und vereinbar mit der Bekleidung öffentlicher Ämter.[49]

Zum Thema des Luxus, dessen Für und Wider die spanischen Aufklärer sehr beschäftigte, lieferte Vaca de Guzmán in seinem Roman einen sehr eigenwilligen Beitrag. In der Hafenstadt und dem blühenden Handelszentrum *Polypiticon* – gemeint ist, wie erwähnt, Cádiz – werden Enrique und Tulipán zu einem opulenten Essen in das Haus des reichen Kaufmanns Señor Plátano geladen. Der hierbei entfaltete Luxus wird insofern als positiv beschrieben, als bei dieser Gelegenheit zum Wohlergehen der Stadt und der gesamten Provinz Handelsbeziehungen gepflegt und geschäftliche Abschlüsse getätigt werden.

> [...] no era el luxo perjudicial, sobre que debe levantarse el grito; que ellos eran los que tenian el dinero del Reino, adquirido à fuerza de su industria, y de los peligros à que se exponian continuamente [...]; pero por el contrario, su esplendidéz era causa de que ocupados los artifices, y artesanos, ganasen todos en sus respectivas manufacturas, y el dinero giráse en conveniencia de los aplicados, y fomento de la industria; y en quanto à los repetidos convites [...], que tenian tambien su razon de conveniencia, pues al mismo tiempo que cumplian con los forasteros, y agasajaban à sus amigos, solian hacer su negocio.[50]

Ein spezifisches soziales Problem seines Landes behandelt Vaca de Guzmán, indem er sich den spanischen Hochzeitsbräuchen zuwendet. Señor Roble erzählt Enrique, warum er Junggeselle geblieben ist. Nicht der enorme Altersunterschied zwischen Frau und Mann oder die aus finanziellen Gründen erzwungene Eheschließung werden hier thematisiert, wie dies in vielen anderen literarischen Texten der Zeit geschieht, sondern das Scheitern der Hochzeitspläne aufgrund der exorbitanten finanziellen Forderungen seitens der Verwandten der Braut, um die Hochzeit ihrer Ansicht nach standesgemäß ausrichten zu können. Diese Forderungen hätten den künftigen Ehemann in den Ruin getrieben.[51] Die gesellschaftliche Meinung führt also zum Scheitern der Eheschließung, und Señor Roble stellt resigniert fest: „[...] el *¿qué dirán?* fue el principal y mas fuerte obstáculo para que se avinieran à mis proposiciones".[52]

---

[49] Vgl. Antonio Elorza, „La polémica sobre los oficios viles en la España del siglo XVIII", in: *Revista de Trabajo* 22 (1968), S. 69-283, hier S. 263-266.
[50] Vaca de Guzmán, *Viages*, Bd. 4, S. 118.
[51] Vgl. ebd., S. 61-67.
[52] Ebd., S. 63.

Spaniens Verhältnis zum benachbarten Ausland war im 18. Jahrhundert ein in Spanien selbst viel diskutiertes kulturelles und politisches Thema, das im *Suplemento* an verschiedenen Stellen in unterschiedlichen Aspekten behandelt wird, und zwar im Hinblick auf das Verhältnis zu Italien und insbesondere zu Frankreich. Italien erscheint in Vaca de Guzmáns Text als *Cercopithecália*, Frankreich als *Micancia*. Der raffinierte Witz in Vaca de Guzmáns Kreation der beiden Ländernamen besteht darin, daß einerseits zoologische Bezeichnungen für Affen bzw. Affenarten, andererseits die realen Ländernamen ganz oder teilweise in den Namen enthalten sind: *mica* als Bezeichnung für den Affen und *Francia* in Mi*cancia*, die Affenart des *cercopíteco* und *Italia* in Cerco*pithecália*. Die Franzosen werden also stets als Affen (*micos*) bezeichnet. Vorgeführt werden in Vaca de Guzmáns Roman die Verachtung der *micos* gegenüber den Spaniern und der Spott, den die Spanier selbst im Beisein der *micos* ihrem eigenen Land gegenüber praktizieren, anstatt es zu verteidigen.[53] Die Sprachkenntnisse im Französischen und Italienischen hält Tulipáns Vater für einen unabdingbaren Bestandteil der Erziehung eines jungen Adeligen.[54] Vacas Offenheit gegenüber dem Ausland, vor allem gegenüber Frankreich, wird deutlich erkennbar, doch plädiert er gleichzeitig für die Wahrung der eigenen nationalen Identität. Er vertritt eine ebenso vermittelnde Position wie Fray Benito Jerónimo Feijoo y Montenegro (1676-1764).[55]

Ein aufklärerisches Anliegen verfolgt Vaca de Guzmán auch mit seiner Schilderung der „lucha de Tigres"[56] in *Fastuaria*, dem Kampf der Affen mit Tigern, der als beliebte gesellschaftliche Veranstaltung geschätzt wird.[57] Hinter Vaca de Guzmáns minuziöser Schilderung des Ablaufs dieses Ereignisses verbirgt sich kaum verschlüsselt der vor allem in Sevilla gepflegte Stierkampf. Deutlich ist Vaca de Guzmáns Haltung gegen diese aus der Sicht vieler spanischer Aufklärer höchst überflüssige Volksbelustigung, die sich mit den Prinzipien der Aufklärung nicht vereinbaren läßt.

Die Darstellung Spaniens im Spiegel der fiktionalen Prosaliteratur des 18. Jahrhunderts ist nichts Ungewöhnliches. Vaca de Guzmáns Roman läßt sich in dieser Hinsicht einer Reihe literarischer Utopien bzw. fiktiver Reiseberichte zuordnen, die in der Epoche der spanischen Aufklärung entstanden sind.

Einen utopischen Gegenentwurf zu den realen aktuellen Zuständen in Spanien stellt die im Umkreis der frühaufklärerischen Bewegung der *nova-*

---

[53] Vgl. *Viages*, Bd. 3, S. 40-41.
[54] Vgl. ebd., S. 36.
[55] Vgl. „Paralelo de las lenguas castellana y francesa", in: Feijoo, *Teatro crítico universal*, Bd. 1, hg. von Agustín Millares Carlo, Madrid 1951, S. 211-231.
[56] Vaca de Guzmán, *Viages*, Bd. 4, S. 120.
[57] Vgl. ebd., S. 120-131.

tores[58] zwischen 1680 und den zwanziger Jahren des 18. Jahrhunderts entstandene anonyme Utopie *Descripción de la Sinapia, Península en la Tierra Austral* dar, die erst Mitte der siebziger Jahre unseres Jahrhunderts im Nachlaß von Pedro Rodríguez, Conde de Campomanes (1723-1802), entdeckt und veröffentlicht wurde.[59] Der Name *Sinapia* ist ein Anagramm von *Hispania*, die beschriebene Halbinsel geographisch ein um die Horizontalachse gespiegeltes, antipodisches Spanien. Entsprechend diesem für den Text konstitutiven Prinzip der Umkehrung und Vertauschung stellt der Anonymus sein utopisches Konzept einer idealen Gesellschaft ausdrücklich als Gegenentwurf zur Politik seiner Gegenwart dar. Abgesehen von einer nur kurz skizzierten Rahmenhandlung verzichtet er auf einen narrativen Plot und bietet vor allem eine Beschreibung des utopischen Landes.

Spanien aus der Sicht des ausländischen Gastes, des Orientalen, zeigt José Cadalso y Vázquez (1741-1782) in seinem von Montesquieus *Lettres persanes* inspirierten Briefroman *Cartas marruecas*, der zwischen 1768 und 1774 entstand und erst 1789 postum in mehreren Faszikeln im *Correo de Madrid* veröffentlicht wurde. Die in den Briefen beschriebene Handlung ist auf wenige Ereignisse beschränkt. Meist werden Begegnungen mit Personen geschildert oder Diskussionen über verschiedenste Themen wiedergegeben.

---

[58] Zu den *novatores* vgl. François Lopez, *Juan Pablo Forner et la crise de la conscience espagnole au XVIIIe siècle*, Bordeaux 1976, S. 41-54; Iris M. Zavala, *Clandestinidad y libertinaje erudito en los albores del siglo XVIII*, Barcelona / Caracas / Mexiko 1978, S. 83-167; José María López Piñero, *Ciencia y técnica en la sociedad española de los siglos XVI y XVII*, Barcelona 1979, S. 16-18; Abellán, *Historia crítica del pensamiento español*, Bd. 3, S. 281-296, 342-394; Giovanni Stiffoni, „Intelectuales, sociedad y estado", in: José María Jover Zamora (Hg.), *La época de los primeros Borbones*, Bd. 2, Madrid 1985, S. 3-148, hier S. 5-55; Francisco Sánchez-Blanco, *La prosa del Siglo XVIII*, Madrid 1992, S. 21-26.

[59] Vgl. *Sinapia. Una utopía española del Siglo de las Luces*, hg. von Miguel Avilés Fernández, Madrid 1976; *The American Foundations of the Hispanic Utopia (1492-1793). Volume I: The Literary Utopia. Sinapia, A Classical Utopia of Spain and the Discurso de la educación. Newly Revised Edition of the Original Spanish Text With an English Translation by Ann Cro. New Introduction and Notes by Stelio Cro*, Tallahassee (Florida) 1994. – Stelio Cro, *A Forerunner of the Enlightenment in Spain*, Hamilton 1976; Paul-J. Guinard, „Les utopies en Espagne au XVIIIe siècle", in: *Recherches sur le roman historique en Europe - XVIIIe-XIXe siècles*, Bd. 1, Paris 1977, S. 171-202, hier S. 186-189; Stelio Cro, „La utopía en España: *Sinapia*", in: *Cuadernos para Investigación de la Literatura Hispánica* 2/3 (1980), S. 27-40; Marie Laffranque, „La *Descripción de la Sinapia, Península en la Tierra Austral*", in: *La contestation de la société dans la littérature espagnole du Siècle d'Or*, Toulouse 1981, S. 193-204; François Lopez, „Considérations sur la *Sinapia*", in: *La contestation de la société dans la littérature espagnole du Siècle d'Or*, S. 205-211; ders., „Une autre approche de *Sinapia*", in: Jean-Pierre Étienvre (Hg.), *Las utopías en el mundo hispánico*, Madrid 1990, S. 9-18.

Es finden sich vereinzelt utopische Elemente wie das dem *Diccionario* des Señor Tomate ähnelnde Projekt eines Wörterbuchs, in dem die authentischen Bedeutungen der Wörter verzeichnet werden sollen,[60] oder die Idylle eines idealen, rational geordneten dörflichen Gemeinwesens, das ein Gutsherr nach aufklärerischen Prinzipien lenkt, ausgerichtet auf das Gemeinwohl.[61]

Im Unterschied zu *Sinapia* und Cadalsos *Cartas marruecas*, aber ebenso wie Vaca de Guzmán bevorzugt Diego Ventura Rexón y Lucas (1721-1796) in seinen Roman *Las aventuras de Juan Luis. Historia divertida, que puede ser útil* (Madrid 1781) einen ereignisreichen Plot.[62] Rexón y Lucas transponiert Spanien in die Gestalt des Landes Nogalia, das der junge Juan Luis bereist.[63] Die spanische Gesellschaft seiner Zeit wird auch hier satirisch dargestellt. Wie Vaca de Guzmán bedient sich der Autor des Verfahrens, hinter Fantasienamen bestimmte spanische Städte zu verbergen. In *Las aventuras de Juan Luis* findet sich in einigen Kapiteln die Schilderung einer utopischen Insel namens Fortunaria, die als ideales Staatswesen beschrieben wird.

Die spanischen Utopien und fiktiven Reiseberichte ermöglichten es den Autoren, aufklärerische Gedanken in einer fantastisch anmutenden Einkleidung zu präsentieren, einen fiktionalen Entwurf einer idealen, nach vernunftmäßigen Prinzipien konstituierten Gesellschaft vorzustellen, in indirekter, aber dennoch offensichtlicher Weise Kritik an den bestehenden zeitgenössischen sozialen, politischen, kulturellen Verhältnissen zu üben, schließlich Wege zu zeigen, wie die aktuellen Mißstände behoben werden könnten. Daß die fiktiven Reiseberichte in ihrer Zeit als brisante Gattung angesehen wurden, belegen die Veröffentlichungsverbote der Zensurbehörden. Von zahlreichen Texten, die vermutlich auch utopische Inhalte aufwiesen, sind nur noch die Titel bekannt, weil die Verbotsbescheide erhalten geblieben sind: beispielsweise Ramón Bonifaz y Quintanos *Viage de Roberto Montgolfier al*

---

[60] Vgl. José Cadalso, *Cartas marruecas*, hg. von Lucien Dupuis / Nigel Glendinning, London ²1971, S. 32-34, 50-51, 91.
[61] Vgl. ebd., S. 152-157.
[62] Vgl. Andrés Amorós, „Las *Aventuras de Juan Luis*, novela didáctica del siglo XVIII", in: *Estudios sobre Literatura y Arte, dedicados al profesor Emilio Orozco Díaz*, Bd. 1, Granada 1979, S. 51-64; Jacques Soubeyroux, „Satira y utopía de la Corte en *Aventuras de Juan Luis* de Rejón y Lucas (1781)", in: *Carlos III, Madrid y la Ilustración. Contradicciones de un proyecto reformista*, Madrid 1988, S. 379-412; ders., „Syntaxe narrative et statut des personnages dans *Aventuras de Juan Luis* (1781) de Rejón y Lucas", in: *Mélanges offerts à Paul Guinard*, Bd. 2, Paris 1991, S. 205-218.
[63] Vermutlich ist der Name *Nogalia* als Anspielung auf die die Vaca de Guzmáns Roman satirisch vorgeführte adelige „familia de los Nogales" (Vaca de Guzmán, *Viages*, Bd. 4, S. 72) zu verstehen.

País de las Antípodas de la Nueva Zelanda von 1786[64] oder José Rasillas *Viage al país de los Panteocracios* von 1796.[65] Erhalten geblieben ist das Manuskript einer anonymen spanischen Übersetzung der italienischen Übersetzung von Defoes *Robinson Crusoe*,[66] die nicht veröffentlicht wurde, zumal die französische Übersetzung in Spanien durch die dortige Zensur 1756 verboten wurde.[67] Eine spanische Übersetzung der französischen Fassung von Swifts *Gulliver's Travels* erschien erst gegen Ende des 18. Jahrhunderts.[68] Die Entdeckung der literarischen Utopien, von denen einige erst in den letzten Jahren zum ersten Mal veröffentlicht wurden, hat das Bild von der spanischen Aufklärung grundlegend verändert, da hier ihre subversiven Seiten zutage treten.

Sowohl Serimans als auch Vaca de Guzmáns Roman wurden in ihren jeweiligen Ländern viel gelesen und übten merklichen Einfluß auf die nachfolgende nationale Romanliteratur aus. Von der kompletten Fassung des spanischen Romans *Viages de Enrique Wanton* erschienen bis zum 19. Jahrhundert mehrere weitere Auflagen.[69] Aufschlußreich ist die Einschätzung des Werks durch die zeitgenössischen Leser im 18. Jahrhundert und die Leserschaft der ersten Jahrzehnte des 19. Jahrhunderts.[70] Eine erste Spur des Buches findet sich in dem am 1. Januar 1784 erschienenen *Discurso LIV*, einem

---

[64] Vgl. Francisco Aguilar Piñal, *Bibliografía de autores españoles del siglo XVIII*, Bd. 1, Madrid 1981, S. 688, Nr. 4856; ders., *Introducción al Siglo XVIII*, Madrid 1991, S. 146; Alvarez Barrientos, *La novela del siglo XVIII*, S. 234.

[65] Vgl. Aguilar Piñal, *Bibliografía de autores españoles del siglo XVIII*, Bd. 7, Madrid 1993, S. 46, Nr. 242.

[66] Vgl. Alvarez Barrientos, *La novela del siglo XVIII*, S. 66-68.

[67] Vgl. Defourneaux, *Inquisición y censura de libros en la España del siglo XVIII*, S. 248; Barjau Condomines, *La novela en España en el siglo XVIII. Teoría y evolución de un género*, S. 120-122.

[68] Die spanische Übersetzung trägt den Titel *Viages del Capitán Lemuel Gulliver a diversos países remotos, traducidos de la edición francesa por Don Ramón Máximo Spartal, Caballero Maestrante de la Real de Granada y vecino de la ciudad de Plasencia*, 3 Bde., Madrid 1793-1800. Vgl. Aguilar Piñal, *Bibliografía de autores españoles del siglo XVIII*, Bd. 7, Madrid 1993, S. 762, Nr. 5457.

[69] Die Auflagen erschienen in den Jahren 1781, 1785, 1800, 1831, 1846. Vgl. White, *Zaccaria Seriman 1709-1784 and the „Viaggi di Enrico Wanton"*, S. 144-145, 147-149; Escobar/Percival, „Viaje imaginario y sátira de costumbres en la España del siglo XVIII: Los *Viajes de Enrique Wanton al país de las monas"*, S. 91-92.

[70] Mendigutía erwähnt hinsichtlich der günstigen Aufnahme des Romans bei der zeitgenössischen Leserschaft, daß Diego Antonio Rejón de Silva (1740-1796) eine Versepistel an den Autor schrieb und dessen Onkel José de Herdozia einen lobenden Brief von einem gewissen Noriega empfing. Diese beiden Dokumente sollten im Anhang von Mendigutías Artikel erscheinen, blieben aber unveröffentlicht, weil dieser nur fragmentarisch erschien. Vgl. Mendigutía, „D. Gutierre Vaca de Guzmán", S. 123.

Traumbild („sueño"), in der Zeitschrift *El Censor*.[71] Der Redakteur von *El Censor* berichtet, im Traum habe ihm ein Bekannter ein Augenglas gegeben, das ihm alle Dinge in ihrer wahren Gestalt offenbaren konnte: „[...] una Lente, que tenia la virtud de representar los objetos en su verdadera y natural figura, y de hacer patente lo mas intimo, y recondito de todas las cosas".[72] Als er sich des Augenglases bedient, um damit eine auf der Straße zusammengelaufene Menschenmenge zu betrachten, erblickt er statt der Menschen eine Horde Affen, von denen die meisten aufgrund ihrer leeren Köpfe auf ihn nicht wie lebende, sondern wie mechanische Affen wirken.[73] Luis de Eijoecente vergleicht seinen im Januar 1782 fertiggestellten *Libro del agrado* mit den *Viages de Enrique Wanton*, die er in humoristisch-satirischer Weise zusammen mit Blaise Pascals *Pensées* und wissenschaftlichen Abhandlungen von Descartes und Newton aufzählt.[74] Wenn ein gewisser Antonio Carrasco in einem Anfang 1785 im *Memorial literario* erschienenen Artikel den Wunsch äußert, man solle all die unnützen „libros pedantes"[75] verbrennen, in denen längst Bekanntes aus anderen Büchern kompiliert wurde, beruft er sich außer auf Diego Saavedra Fajardos (1584-1648) *República literaria*[76] auch auf Vaca de Guzmáns Roman. Juan Sempere y Guarinos (1754-1830) geht in seinem *Ensayo de una biblioteca española de los mejores escritores del reynado de*

---

[71] Vgl. *El Censor, Obra periódica, comenzada a publicar en 1781 y terminada en 1787*, hg. von José Miguel Caso González, Oviedo 1989, Bd. 3, S. 113-127. Zur Datierung vgl. ebd., S. 786.

[72] Ebd., S. 230.

[73] Vgl. ebd., S. 231: „¡Qué asombro el mio, quando creyendome en medio de un gran número de hombres, me hallo por todas partes cercado de una multitud de monos! Lo mas singular es, la mayor parte de ellos, ni aun debian de ser verdaderos monos, sino unas máquinas que lo parecian. Porque reconociendolos con mas cuidado, vi que muchos tenian las cabezas casi enteramente huecas, faltandoles aquellas partes, que la Anatomía nos enseña ser esenciales à las de todos los vivientes."

[74] Vgl. Luis de Eijoecente, *Libro del agrado, impreso por la virtud en la imprenta del gusto, á la moda, y al ayre del presente siglo. Obra para toda clase de personas, particularmente para los Señoritos de ambos sexós, Petimetres, y Petimetras: Dedicado á la mas augusta, excelsa, y magestuosa Diosa Cibeles*, Madrid 1785, S. 5-6: „Honrad, Señores, esta obra: dadla nombre, llamadla divina encantadora, alegre hasta no mas, ú otra cosa semejante, y su fortuna es hecha. Podrá apostársela con los Pensamientos de Pascal: la Pesquisa de la verdad: los Discursos de Wanton: la Física de Descartes, y la de Neuton. Pero? qué digo? Irá mucho más léjos, y los obscurecerá, y yo tendré la gloria de haber sabido encontrar un medio de manifestaros el aprecio que hago de nuestras elegancias, de vuestros pasatimepos, y de vuestras nobles ideas."

[75] Vgl. *Memorial literario, instructivo y curioso de la Corte de Madrid* (Januar 1785), S. 69.

[76] Vgl. Diego Saavedro Fajardo, *Obras completas*, hg. von Angel González Palencia, Madrid 1946, S. 1129-1191.

Carlos III kurz auf Vaca de Guzmáns Roman ein und erklärt dessen Spiel mit den Pseudonymen. Bemerkenswert ist, daß der verläßliche, ansonsten meist gut informierte Sempere y Guarinos Serimans Fortsetzung über das Königreich der Hundsköpfigen nicht für authentisch hält.[77] In dem anonymen Dialog *Los vicios de Madrid* von 1807 wird das Buch zutreffend charakterisiert als Kritik an den „provincias de España".[78] Die häufigen Erwähnungen des Romans sind ein Indiz dafür, daß er vielen zeitgenössischen Lesern bekannt war.

Besonderes Interesse fanden Vaca de Guzmáns *Viages de Enrique Wanton* bei den Costumbristen des 19. Jahrhunderts, und tatsächlich machen die costumbristischen Aspekte des Textes seinen besonderen Reiz aus. Ramón de Mesonero Romanos (1803-1882) zählt ihn im Prolog zur Erstausgabe seines *Panorama matritense* von 1835 zu den Vorläufern seiner eigenen costumbristischen Texte und lobt an seinem Autor die Originalität der Gedankenführung, die Exaktheit und Schönheit der Beschreibungen, das Fingerspitzengefühl seiner kritischen Stellungnahmen.[79]

Innerhalb des hier skizzierten Textkorpus von fantastischen Reiseberichten zeigt sich hinsichtlich der Herausbildung und geographischen Verbreitung der Gattung eine besonders ausgeprägte internationale Dynamik, in die auch Spanien involviert war. Die Tradierung der Erzählstoffe der fiktiven Reiseberichte läßt sich unter geographischen Aspekten entlang einer Nord-Süd-Achse verfolgen. Im Falle der *Viages de Enrique Wanton* wurden die englischen Einflüsse von Swift und Defoe durch Desfontaines in Frankreich wirksam, von dort durch italienische Übersetzungen nach Italien getragen, wo Seriman sie weiter ausgestaltete, bis sie schließlich in Spanien von Vaca de Guzmán aufgegriffen und den spezifischen Gegebenheiten seines Landes angepaßt wurden.

---

[77] Vgl. Juan Sempere y Guarinos, *Ensayo de una biblioteca española de los mejores escritores del reynado de Carlos III*, Bd. 6, Madrid 1789, Nachdruck Madrid 1969, S. 112-114.

[78] Vgl. R. Foulché-Delbosc, „Los vicios de Madrid (1807)", in: *Revue Hispanique* 13 (1905), S. 163-228, hier S. 172.

[79] Vgl. Ramón de Mesonero Romanos, *Panorama matritense. Cuadros de costumbres de la Capital, observados y descritos por El Curioso Parlante*, Bd. 1, Madrid 1735, Nachdruck Madrid 1982, S. XI: „[...] y aunque ignoramos el verdadero autor de los *Viajes de Henrique Wanthon*, y aun si son originales ó traducidos, no puede negársele que reunen á la novedad del pensamiento la ecsactitud y gracia en las descriciones, y la delicadeza y finura de la crítica". – Mariano José de Larra (1809-1837) erwähnt die *Viages de Enrique Wanton* in seiner Besprechung von Mesonero Romanos' *Panorama matritense*. Vgl. *Obras de D. Mariano José de Larra (Fígaro)*, Bd. 2, hg. von Carlos Seco Serrano, Madrid 1960, S. 238-245, hier S. 243.

Daß im 18. Jahrhundert der Roman im Falle von Seriman und Vaca de Guzmán in Italien bzw. in Spanien ein bedeutsames Medium aufklärerischer und utopischer Gedanken war, ist ein gewichtiges Argument für die Erforschung der bisher noch kaum bekannten Texte. In dieser Hinsicht wird die systematische, komparatistisch orientierte literaturwissenschaftliche Untersuchung der italienischen und spanischen Romane der Aufklärung ein wichtiger Beitrag zur Erschließung eines noch weitgehend verborgenen Unterstroms aufklärerischer Gedanken sein, der sich der oberflächlichen Betrachtung entzieht, dessen Rekonstruktion aber das Bild der Aufklärung in Italien und Spanien um einen wichtigen Aspekt erweitern wird.

Wolfgang Matzat

Dialogizität und Marginalität im Roman des Siglo de Oro

I.

Das spanische Siglo de Oro darf zweifellos als eine, wenn nicht die entscheidende Epoche für die Entwicklung des neuzeitlichen europäischen Romans angesehen werden. Innerhalb eines Zeitraums von kaum mehr als einem Jahrhundert entsteht eine Reihe von Gattungsparadigmen, allesamt mit europäischer Ausstrahlung, deren Abfolge eine rasche Modernisierung des Erzählens erkennen läßt: zugleich mit dem Ritterroman die *novela sentimental*, dann der Schäferroman, der pikareske Roman, der byzantinische Barockroman und vor allem natürlich der *Don Quijote* als veritable Summe der zur Disposition stehenden narrativen Modelle. In diesen Texten zeichnen sich u.a. folgende Merkmale modernen Erzählens ab: a) die zunehmende Darstellung von Innenwelt und die Ausbildung einer darauf beruhenden subjektiven Perspektive; b) die Konkretisierung dieses subjektiven und individuellen Weltverhältnisses im Spannungsfeld von kongenialen und feindlichen bzw. fremden Welten, insbesondere durch unterschiedliche Aktualisierungen des epischen Grundmusters der Reise; c) die Darstellung einer niederen Alltagswelt als eines besonderen Versuchsraumes für das Ausloten des Verhältnisses von Individuum und Gesellschaft. Mit Blick auf diese Sachlage soll im folgenden versucht werden, ausgehend von einigen neueren Forschungsperspektiven eine Reihe weiterführender Überlegungen anzustellen. Dabei wird die Frage im Vordergrund stehen, ob und in welcher Weise die rasche und richtungsweisende Entwicklung des spanischen Romans aus der kulturellen Eigenart des spanischen Siglo de Oro abgeleitet werden kann.

Als ein erstes, noch sehr allgemeines Leitkonzept für die Ausdifferenzierung epochenspezifischer Merkmale können Stephen Greenblatts Ausführungen zu dem von ihm so genannten „Renaissance Self-Fashioning" bilden. Unter diesem Titel faßt Greenblatt eine Reihe von Modalitäten frühneuzeitlicher Identitätsbildung, deren gemeinsamer Nenner darin besteht, daß sie an der Grenze alternativer gesellschaftlicher Wertordnungen und Sinnwelten erfolgen.[1] Wie in den obigen Formulierungen bereits anklang, läßt sich der

---

[1] Impliziert ist dabei immer der Konflikt zwischen einer gesellschaftlichen Autorität, mit der sich das Subjekt mehr oder weniger eindeutig identifiziert, und einem diese Autorität bedrohenden 'Anderen' (vgl. *Renaissance Self-Fashioning. From More to Shakespeare*, Chicago 1980, S. 9). Ingesamt erscheint die Renaissance in der Sicht von

Roman des Siglo de Oro als paradigmatisches Medium solcher Identitätsmodellierung begreifen. Das liegt zum einen daran, daß die – von Greenblatt übrigens nicht berücksichtigte – Gattung des Romans[2] sich wohl am besten zur Modellierung eines individuellen Weltverhältnisses eignet. Zum anderen wäre zu überlegen, ob Greenblatts Vorstellung von einer im Schnittpunkt von Alteritätsrelationen sich bildenden Identität nicht auch auf die kulturelle Situation Spaniens in prägnanter Weise applizierbar ist und daher für die strukturelle Evolution des Romans des Siglo de Oro eine besondere Geltung beanspruchen kann. Denn die spanische Kultur des Siglo de Oro war aufgrund der europäischen Randlage und der historischen Umstände von Reconquista und Conquista einerseits besonders durch die Begegnung unterschiedlicher Kulturen geprägt, andererseits aber – zumindest im 16. Jahrhundert – durch die Erfahrung einer kulturellen Verspätung gegenüber der vor allem von Italien ausgehenden europäischen Renaissancekultur. Damit ist die Frage berührt, die hier im Mittelpunkt stehen soll, inwieweit nämlich der herausragende spanische Beitrag zur Entwicklung des modernen Romans aus den Bedingungen der kulturellen Peripherie erklärbar ist. Ein zusätzlicher Anreiz für eine solche Fragestellung ergibt sich aus einer zweiten, nun gattungstheoretischen Voraussetzung, die aus der von Michail M. Bachtin entwickelten Konzeption des Romans bezogen werden kann. Bekanntlich begreift Bachtin den Roman als dialogische Gattung, die als solche die „dezentralisierenden, zentrifugalen Kräfte" des „verbal-ideologischen Lebens" repräsentiert und eine entsprechende Ausdifferenzierung einer gesellschaftlichen Einheitssprache zu einer sozialen Sprachenvielfalt zur Voraussetzung hat.[3] Aufgrund einer solchen Bindung an die zentrifugalen gesellschaftlichen Tendenzen ist somit der Standpunkt an der Peripherie dem Roman besonders angemessen.[4] Als weiteres Moment kommt hinzu, daß die Peripherie als Kontaktzone verschiedener Einflüsse besonders durch Prozesse der kulturellen Hybridisierung und der sprachlichen Dialogisierung betroffen ist. Eine solche These vom Zusammenhang von Roman und peripherem Standpunkt kann, bezogen auf eine inner-

---

Greenblatt als Epoche zunehmender Grenzziehungen und Grenzüberschreitungen (vgl. auch Greenblatt, Hg., *Representing the English Renaissance*, Berkeley 1988, „Introduction", S. XIII).

[2] Greenblatt wichtigste literarische Beispiele sind in *Renaissance Self-Fashioning* Spensers *Faerie Queen*, die Lyrik Wyatts und das Theater Marlowes und Shakespeares.

[3] Vgl. „Das Wort im Roman", in: Bachtin, *Die Ästhetik des Wortes*, hg. von Rainer Grübel, Frankfurt/M. 1979, S. 91-300, hier: S. 166.

[4] So setzt ja auch Bachtins gattungsgeschichtliche Herleitung der 'dialogischen Linie des Romans' aus der menippeischen Satire eine solche 'exzentrische' Position des Romans voraus (vgl. „Das Wort im Roman", S. 251ff.; *Probleme der Poetik Dostojevskijs*, München 1971, S. 119ff.).

spanische Relation von Zentrum und Peripherie, vor allem für den pikaresken Roman wohl ohne weiteres einleuchten. Schwieriger zu beantworten ist natürlich die Frage, ob auch im Hinblick auf Spaniens Stellung gegenüber der europäischen Renaissance- und Barockkultur ein solcher Zusammenhang behauptet und für die Entwicklung des Romans als Erklärung dienen kann. In seinem mit dem programmatischen Titel *Writing in the Margin* überschriebenen Buch hat Paul Julian Smith die noch weiter gehende These vertreten, daß die Eigenart der gesamten Literatur des Siglo de Oro aus ihrer Situierung an der kulturellen Peripherie zu begründen sei. Zum generellen Merkmal von Texten aller Gattungen wird ihm eine die jeweilige Inhaltsebene überschießende Textualität, die er zu dem von ihm angenommenen marginalen Charakter der spanischen Kultur in Entsprechung setzt.[5] Sicherlich ist die Herstellung einer solchen Korrespondenz äußerst spekulativ und, selbst wenn man ihr zustimmt, von eher mäßigem Erklärungswert. Wenn hier dennoch im folgenden an die These von Smith angeknüpft werden soll, dann deshalb, weil sie, wie gerade angedeutet, in Verbindung mit Bachtins Konzept der Dialogizität an Plausibilität und Textnähe gewinnt. Zunächst bleibt vor allem festzuhalten, daß das kulturtheoretische Konzept einer Identitätsbildung im Schnittpunkt alternativer Welten und das gattungstheoretische Konzept der Dialogizität insofern über den Begriff der Peripherie zusammengeführt werden können, als er sowohl ein erhöhtes Bewußtsein kultureller Grenzen als auch besondere Möglichkeiten der Dialogizität impliziert. Unter dieser Leitperspektive soll nun versucht werden, die skizzierten Gedankengänge mit Blick auf den Schäferroman, auf den pikaresken Roman und auf den *Don Quijote* weiterzuführen und zu vertiefen.

II.

Der spanische Schäferroman, für den Montemayors gattungskonstituierender Text *La Diana* als Beispiel dienen soll, ist zunächst exemplarisch für die intertextuelle und dialogische Verfaßtheit des spanischen Romans des Siglo de Oro. Unter den zahlreichen intertextuellen Bezügen sind zwei als zentral hervorzuheben. Der eine ergibt sich durch die Verankerung in der bukolischen Gattungstradition, wobei Sannazaros *Arcadia* das wichtigste Modell bildet. An Sannzaro orientiert sich Montemayor vor allem bei der Gestaltung der Rahmenhandlung seiner *Diana*: Wie bei dem italienischen Vorbild besteht sie in einer Serie von Zusammenkünften der vom Liebesunglück geschlagenen

---

[5] *Writing in the Margin. Spanish Literature of the Golden Age*, Oxford 1988 (siehe insbes. S. 19ff.).

Schäfer, die in einer gemeinsamen Wallfahrt zu einem mythologisch stilisierten Heiligtum kulminieren, wo man sich eine Erlösung von den Leiden erhofft - im Falle Montemayors zum Heiligtum der Diana, in dem die weise Felicia ihr später von Cervantes so gerügtes Zauberwerk treibt.[6] Der zweite Bezug betrifft die sogenannten eingelegten Geschichten, von den Schäfern selbst vorgetragene Erzählungen ihrer Liebesfälle, die Montemayor weit über das bei Sannazaro nur rudimentär entwickelte Verfahren hinaus expandiert und worin daher seine wichtigste Neuerung besteht. Auch wenn die intertextuellen Bezugspunkte für diese Geschichten im einzelnen durchaus vielfältig sind, so kann doch der Einfluß der italienischen Novellistik als determinierend angesehen werden, wie die Zentralgeschichte der Felismena als Adaption einer Novelle von Bandello belegt.[7] Das von Montemayor entwickelte Gattungsschema beruht somit auf zwei Strängen eines intertextuellen Dialogs mit unterschiedlichen Formen der italienischen Renaissanceliteratur, die nun in einen intratextuellen Dialog, den Dialog zwischen Rahmenhandlung und eingelegten Geschichten, eintreten können.

Zum Verhältnis dieser beiden Ebenen hat Wolfgang Iser in dem der Renaissance-Bukolik gewidmeten Kapitel seines Buches über *Das Fiktive und das Imaginäre* besonders intensive Überlegungen angestellt.[8] Iser sieht die zentrale Bedeutung der eingelegten Geschichten zunächst darin, daß sie auf die jenseits der Schäferwelt gelegene Stadt- und Hofwelt verweisen – am prägnantesten trifft dies für die Geschichte der Felismena zu – und damit ein Nebeneinander von historischer und bukolischer Welt konstituieren. Durch die Expansion der eingelegten Geschichten wird daher bei Montemayor der von Sannazaro eingeleitete Schritt von der Eklogendichtung zum Roman vollendet. Denn während in den Eklogen die Bezugsfolie der historischen Welt nur indirekt evoziert wird, präsentiert der Roman die bukolische und die historische Welt als zwei durch eine Grenze geschiedene Räume, zwischen denen die Figuren durch entsprechende Grenzüberschreitungen hin- und herwechseln können. Die Relation dieser Räume sieht Iser nun in zweifacher Weise bestimmbar. Einerseits ist sie lesbar als Oppositionsrelation zwischen der am arkadischen Ideal einer freien und naturnahen Existenz zumindest noch partizipierenden bukolischen Welt und einer naturfernen gesellschaftlichen Welt, die durch die sozialen Zwänge der höfischen Aristokratie geprägt ist. Andererseits aber – und hierauf legt Iser den Akzent – ist die Relation

---

[6] Vgl. *El ingenioso hidalgo Don Quijote de la Mancha*, hg. von Luis Andrés Murillo, 2 Bde., Madrid 1982, Bd. 1, S. 118f.
[7] Vgl. *La Diana*, hg. von Asunción Rallo, Madrid 1991, „Introducción", S. 49f.
[8] Vgl. „Renaissancebukolik als Paradigma literarischer Fiktionalität", in: Iser, *Das Fiktive und das Imaginäre. Perspektiven literarischer Anthropologie*, Frankfurt/M. 1993, S. 60-157, insbes. S. 101ff.

dieser Welten bestimmbar durch das Konzept der Inszenierung. Als Welt der Inszenierung zeigt sich die Schäferwelt zunächst einmal dadurch, daß die der bukolischen Welt immanenten Liebeskonflikte von den Schäfern immer wieder in lyrisch-dramatischer Form zur Darstellung gebracht werden. So kann der Schäfer Sireno in einer von Iser in diesem Zusammenhang genannten Szene als Zuschauer miterleben, wie in einer Gruppe von Nymphen sein Abschiedsdialog mit der von ihm angebeteten Diana in versifizierter Form vorgetragen wird.[9] Im Kontext dieser Inszenierungspraxis werden, so Iser, auch die eingelegten Geschichten in ihrer Vermitteltheit gezeigt, so daß auch der Bezug zur historischen Welt ebenfalls als Inszenierung ausgewiesen wird, was in thematischer Hinsicht schon daran zu erkennen ist, daß die Liebeskonflikte der Schäferwelt sich nicht wesentlich von der in der historischen Welt herrschenden Liebesunordnung unterscheiden. Iser beschreibt den Schäferroman als ein Dispositiv zur Herstellung eines Inszenierungsverhältnisses zwischen alternativen Welten, um ihn zum Paradigma neuzeitlicher Fiktionalität zu erheben. Denn der Schäferroman macht in dieser Sehweise die Doppelungsstruktur der Fiktion zu seinem eigenen Gegenstand. Zugleich verweist er auf das „anthropologische Grundmuster literarischer Fiktionalität",[10] das Iser in Anlehnung an Helmuth Plessner[11] in der Erschließung menschlichen Doppelgängertums, der Fähigkeit zur Aufspaltung in Rollenträger und Rollenfigur und der in dieser Relation angelegten Möglichkeiten der Selbstüberschreitung und des Selbstentwurfes sieht.

Isers Beschreibung des Schäferromans läßt sich leicht in den eingangs skizzierten Reflexionsrahmen einpassen, da sie das Konzept alternativer Welten – und zwar sowohl in gattungstheoretischer Hinsicht als narrative Grundstruktur als auch in anthropologischer Hinsicht als Ermöglichung menschlichen Doppelgängertums – ins Spiel bringt. Dabei weist sie aber insofern über die von Greenblatt beschriebene Basisstruktur des „Renaissance Self-Fashioning" hinaus, als sich hier die konflikthafte Alteritätsrelation zwischen Schäferwelt und historischer Welt mit der Inszenierungsrelation überla-

---

[9] Ein für diesen Sachverhalt noch prägnanteres Beispiel scheint mir die folgende Szene zu sein: Der Schäfer Sylvano trägt seinem Freund Sireno ein der Diana abgelauschtes Lied vor. In diesem Lied schildert Diana, wie sie sich über Sirenos Abwesenheit hinwegtäuscht, indem sie sich zusammen mit einem neben ihr aufgestellten Bild Sirenos in einem Bach spiegelt. Das Bild, die von Diana mit dem Bild arrangierte Szene, die Spiegelung durch den Bach, die Reflexion über diese Vorspiegelung in Dianas Lied und Sylvanos Wiederholung des Liedes bilden somit eine Reihe von sich überlagernden Inszenierungen, die von der Absenzerfahrung als Kette von Supplementen hervorgetrieben wird (*La Diana*, S. 122ff.).

[10] Iser, „Renaissancebukolik", S. 147.

[11] Vgl. „Soziale Rolle und menschliche Natur", in: Plessner, *Diesseits der Utopie*, Frankfurt/M. 1974, S. 23-35.

gert. Zwar erkennt auch Greenblatt in der Tendenz zur Selbstinszenierung und zur Fiktionalisierung bzw. Irrealisierung sowohl der eigenen Position als auch der des anderen einen typischen Renaissancehabitus, doch sieht er hierin – und dies ist symptomatisch für das geringe Interesse des *New Historicism* für fiktionsspezifische Funktionen – primär eine Strategie der Selbstbehauptung innerhalb sozialer Machtkonstellationen.[12] Demgegenüber vollzieht sich das „Self-Fashioning" im Schäferroman am Schnittpunkt zwischen einer historischen Welt und einer Welt ästhetischer Praxis und Erfahrung. Damit konstituiert sich hier nicht eine Alteritätsrelation im Zeichen von gewaltträchtiger Negation und Verdrängung, wie sie Greenblatt als konstitutiv für die Renaissance-Identität ansieht, sondern ein Spielverhältnis, das jenen anthropologischen Dimensionsgewinn ermöglicht, den Plessner und mit ihm Iser als den positiven Ertrag menschlichen Doppelgängertums bestimmen.[13]

Ausgehend von der doppelten Relationierung der für den Schäferroman konstitutiven Welten durch eine räumlich-horizontale Oppositionsstruktur und durch ein vertikales Inszenierungsverhältnis läßt sich nun die Frage nach dem Nexus von Roman und peripherem Standpunkt stellen, die ja den Leitfaden dieser Überlegungen bilden soll. Aufgrund der räumlichen Oppositionsstruktur entwirft der Schäferroman insofern einen peripheren Standpunkt, als sich die Schäferwelt am Rande bzw. jenseits der gesellschaftlichen Welt befindet. Zum Merkmal lokaler Peripherie kommt die Gesellschaftsenthobenheit eines Raums ästhetischer Inszenierung. Es entspricht dieser Merkmalskonstellation, daß das Verhältnis zum gesellschaftlichen Zentrum der Hof-und Stadtwelt nicht eindeutig zu bestimmen ist. Zunächst wird die soziale Marginalität der hoffernen Welt schon dadurch aufgehoben, daß sich das Individuum in der Schäferwelt im Zentrum einer ihm gemäßen Sphäre fühlen kann; es kommt hinzu, daß sich diese Schäferwelt zugleich als Idealisierung bestimmter Aspekte des höfischen Raums darstellt. Denn ihr wesentlicher Inhalt ist ja die sich am Hof entwickelnde Gefühls- und Kommunikationskultur in einer von sozialen Karrierezwängen entlasteten Form. Nur so ist es ja auch erklärbar, daß man im Zentrum des Dianaheiligtums eine Galerie mit den Porträts sämtlicher Damen der guten Gesellschaft findet, die von einem Orpheus redivivus in angemessener Form besungen werden. Diese idealisierte höfische Sphäre ist einerseits besonders modern, da sie zum Inszenierungs-

---

[12] Vgl. *Renaissance Self-Fashioning*, S. 13ff., 26ff., 58ff., 162ff., 227ff.
[13] Das ist nicht als Gegenthese zu Greenblatt gemeint, sondern lediglich als Akzentverschiebung. Übrigens werden auch bei Montemayor Gewaltbeziehungen thematisch, die kulturkritische Deutungen erlauben würden. Zu erinnern ist an die Szene, in der Felismena die Nymphen aus der Hand von barbarischen Unholden befreit, in der also die in der Schäferwelt verdrängte sexuelle Gewalt zum Durchbruch kommt und einen ebenso kruden Akt zivilisatorischer Gewalt auslöst.

raum avancierter Formen der Subjektivität und Intersubjektivität werden kann, andererseits aber auch rückwärtsgewandt, weil sie ähnlich wie im Ritterroman weitgehend vom historischen gesellschaftlichen Kontext gelöst scheint. Die Schäferwelt ist somit eine eigentümliche Verbindung eines antigesellschaftlichen Naturraums und eines Spielraums der gesellschaftlich-kulturellen Elite. Von dieser Doppelung bleibt das Merkmal der Peripherie jedoch in einer entscheidenden Hinsicht unberührt, da sich die Schäferwelt in jedem Fall vom Bereich der praktischen Lebensvollzüge, insbesondere von der von ökonomischen, sozialen und politischen Zwängen geprägten städtisch-höfischen Alltagswelt unmißverständlich abhebt.

Für unsere Fragestellung ist nun von besonderer Wichtigkeit, ob die durch den Schäferroman – und dann kanonisch durch den *Quijote* – dokumentierte frühe Entwicklung eines prägnanten Fiktionsbewußtseins mit den besonderen kulturellen Bedingungen Spaniens in Zusammenhang gebracht werden kann. Hierfür hat Hans Ulrich Gumbrecht in seiner *Geschichte der spanischen Literatur* anregende Vorschläge entwickelt. Demnach führte die bereits unter den Katholischen Königen einsetzende energische Modernisierung des spanischen Staatswesens zu einer raschen „Abgrenzung verschiedener Handlungsräume oder sozialer Systeme".[14] Zusammen mit der politischen Expansion eröffnete dies ein Feld von Alteritätserfahrungen, innerhalb dessen sich schon früh ein neuzeitlicher Subjektivitätsstil entwickeln konnte. Eine wesentliche Komponente dieser Subjektivität sieht Gumbrecht im identifikatorischen Brückenschlag zu anderen, insbesondere auch fiktionalen Welten. Solche literarische Identifikation setzt aber das Bewußtsein der Distanz zwischen der eigenen und der fremden Welt und damit die „Institutionalisierung einer markanten Grenze zwischen Alltagserfahrung und fiktionaler Welt" voraus.[15] Die These von einem mentalitätsgeschichtlichen spanischen Vorsprung verbindet Gumbrecht dann mit der hinlänglich bekannten Vorstellung von einer Mitte des 16. Jahrhunderts einsetzenden sozialen Stagnation und Involution. Sie habe dazu geführt, daß die bereits entwickelten Formen literarischer Erfahrungsbildung nun durch ein Evasionsbedürfnis, das aus einer in ihren Entfaltungsmöglichkeiten blockierten Subjektivität entsteht, eine zusätzliche Aktualität erhielten.

Natürlich ist es äußerst fraglich, ob die These von einem spezifisch spanischen Fiktionsbewußtsein in so übergreifender Form, wie sie von Gumbrecht entwickelt wird, haltbar ist und ob dabei nicht vor allem die in der italienischen Literatur schon bei Petrarca und Boccaccio entwickelten Modelle fiktionaler Inszenierung unterschätzt werden. Doch bleibt Gumbrechts These bedenkenswert im Hinblick auf die besondere Ausprägung narrativer Fiktio-

---

[14] Eine *Geschichte der spanischen Literatur*, 2 Bde., Frankfurt/M. 1990, Bd. 1, S. 230.
[15] Ebd., S. 191.

nen in Spanien, wobei vor allem der postulierte Nexus zu einem historisch begründeten Evasionsbedürfnis angesichts des großen Beispiels des *Quijote* kaum von der Hand zu weisen ist. Will man Gumbrechts Anregungen weiter verfolgen, dann ist die besondere Eigenart dieser narrativen Fiktionen stärker zu beachten: Im Falle des Schäferromán ist dies vor allem die von Iser hervorgehobene Kontiguität von Montemayors Schäferwelt zur historischen Welt. Denn damit ergibt sich eine paradox anmutende Doppelbewegung einerseits zu einer zunehmenden Raffinesse der Inszenierung, andererseits aber zu der für die narrative Gattung typischen Mimesis einer sozialen Handlungswelt. Ein entscheidender Aspekt dieser mimetischen Komponente besteht in der – bei Sannazaro so noch nicht zu findenden – Verräumlichung der Fiktion, die sowohl auf der Situierung der Handlung in einer spanischen Landschaft als auch auf den unterschiedlichen 'Lebenswegen' der Figuren beruht.[16] Gerade diese Engführung von fiktionaler Inszenierung und räumlicher Grenzüberschreitung macht die Besonderheit des spanischen Schäferromans aus. Es liegt daher nahe, in eben dieser Verbindung von Fiktionsbewußtsein und einer konkret räumlichen Erfahrung alternativer Welten ein in Spanien besonders ausgeprägtes Merkmal der Renaissancekultur zu sehen.

III.

Im Falle des pikaresken Romans ist der Zusammenhang von Roman und peripherem Standpunkt natürlich offensichtlich. Denn das Spezifikum des pikaresken Romans besteht ja darin, das Bild einer marginalen sozialen Handlungswelt zu entwerfen, und zwar in der Weise, daß ein Repräsentant dieser Handlungswelt zum perspektivischen Zentrum der Darstellung wird. Aufgrund der autobiographischen Perspektive kann die Modellierungsfunktion des pikaresken Romans auch ohne weiteres als eine Spielart des „Renaissance Self-Fashioning" begriffen werden. Greenblatts These, daß dieses „Self-Fashioning" jeweils am Schnittpunkt alternativer Welten erfolgt, findet sich dabei insofern bestätigt, als sich die Lebensgeschichte des Pikaros in der Spannungsrelation zwischen dem ihm gemäßen Unterschichtmilieu und

---

[16] Montemayors 'Arkadien' ist am Fuße der Berge von León angesiedelt. Selvagia stammt aus einer entfernten Provinz Portugals zwischen der Mündung des Duero und des Guadalquivir („dos caudalosos ríos que, cansados de regar la mayor parte de nuestra España, no muy lejos el uno del otro entran en el mar océano", S. 138-139), Felismena aus dem fiktiven Provinz Vandalia („no muy remota de ésta, adonde estamos", S. 192), Belisa aus einem nahegelegenen Ort freier Bauern („de los que en la gran España llaman libres", S. 232). Die Zitate belegen, daß die Raummodellierung aus einer prägnant 'spanischen' Perspektive erfolgt.

der Welt der ehrenwerten Gesellschaft entfaltet. Die besondere Virulenz der hierbei involvierten Alteritätsrelationen zeigt eine häufig interpretierte Passage zu Beginn des *Lazarillo de Tormes* in emblematischer Weise. Als Lazarillos kleiner Bruder, der aus der Liaison seiner Mutter mit einem dunkelhäutigen Stallknecht hervorgegangen ist, seinen Vater zu Gesicht bekommt, flieht er mit dem Ausruf „Madre, coco" in die Arme der weißen Mutter.[17] Hier wird somit das Bild einer Marginalisierungserfahrung gezeichnet, bei der die durch die Herkunftserzählung vollzogene Identifikation mit dem Unterschichtmilieu der Kindheit mit einer emphatischen Abwehrgeste verknüpft ist – eine Haltung, die nicht nur für *Lazarillo de Tormes*, sondern in je unterschiedlicher Ausprägung auch für *Guzmán de Alfarache* und *El buscón* repräsentativ ist. Dabei konstituiert sich in der Reihe dieser Texte eine Gegenwelt zur altchristlichen Ehrengesellschaft, die sich aus unterschiedlichen Formen sozialen Außenseitertums zusammensetzt: Die soziale Marginalisierung der Unterschicht kann sich sowohl mit einer ethnischen Komponente, wie in der gerade zitierten Szene, als auch mit einer religiösen Komponente, wie an den Hinweisen auf eine *converso*-Herkunft des Guzmán und des Pablos ersichtlich, verbinden; schließlich können auch, wie die Charakterisierung von Pablos' Mutter als Hexe belegt, Elemente weiblicher Alterität mit einbezogen werden.[18]

Da der pikareske Roman eines der Beispiele ist, an denen Paul Julian Smith seine oben eingeführte These von einer globalen spanischen Marginalität demonstrieren will, soll nun näher auf seine Interpretation eingegangen werden. Zunächst verfolgt Smith bei seiner Lektüre des *Lazarillo*, des *Guzmán* und des *Buscón* das – nur in lockerem Zusammenhang mit seiner Generalthese stehende – Anliegen, die insbesondere von Francisco Rico entwickelte Konzeption einer homogenen autobiographischen Perspektive und einer auf ihr beruhenden konsistenten Identitätsmodellierung zu widerlegen.[19] Demgegenüber sieht Smith den Pikaro geprägt durch eine wesentlich heterogene, gespaltene oder inkonsistente Identität. Im *Lazarillo* ergibt sich diese Heterogenität aus den sukzessiven Identifikationen des Protagonisten mit seinen verschiedenen Herren, die in der Briefrelation des Erzählers zu dem

---

[17] *La vida de Lazarillo de Tormes y de sus fortunas y adversidades*, hg. von Alberto Blecua, Madrid 1972, S. 93.
[18] Reichhaltiges Material zum Spektrum dieser sozialen und insbesondere diskursiven Ausgrenzungsformen enthalten die Beiträge in Augustin Redondo (Hg.), *Les problèmes de l'exclusion en Espagne (XVIe-XVIIe siècles). Idéologie et discours*, Paris 1983.
[19] *Writing in the Margin*, S. 78ff. Vgl. Francisco Rico, *La novela picaresca y el punto de vista*, tercera edición aumentada, Barcelona 1982.

mit „Vuestra Merced" angesprochenen Adressaten kulminieren.[20] Ausgehend von der derzeit gängigen Interpretation, daß Lazarillos Lebensbericht als eine von „Euer Gnaden" eingeforderte Stellungnahme zum „caso" des mutmaßlichen Ehebruchs seiner Frau zu verstehen sei, begreift Smith diese Macht- und Überwachungsrelation im Stile Foucaults als Ermöglichungsstruktur für die Selbstauslegung des sprechenden Subjekts und des in ihr generierten Subjektivitätseffekts. Im Falle des *Guzmán de Alfarache* sieht Smith das erzählte Pikaroleben wiederum an einen Erzählrahmen gebunden, der es einem gesellschaftlichen Diskurs und einem identitätsstiftenden Blick unterwirft. In bezug auf den *Buscón* schließlich wird die Heterogenität des Protagonisten aus der ambivalenten Haltung des Autors begründet, die sich in der Diskrepanz zwischen einer karnevalesken Schreibweise und einer sozial repressiven Haltung äußert. Der gemeinsame Nenner dieser Interpretationen, bei denen sich Smith im einzelnen durchaus an gängige Deutungen anschließt, besteht somit zunächst einmal darin, die Identität des Pikaros als Produkt sozialer Machtrelationen darzustellen. Dieses Bedingungsverhältnis interpretiert Smith nun aber zugleich im Sinne eines diskursiven Mißverhältnisses, um den Anschluß an seine Leitthese herzustellen: des Mißverhältnisses zwischen einer mimetischen Präsentation der Unterschichtexistenz und der massiven Thematisierung eines sozialen Diskursrahmens. Denn damit wird der pikareske Roman ein Beispiel für das von Smith postulierte übergreifende Merkmal der Literatur des Siglo de Oro, ihre Tendenz, die Grenzen eines gegenstandsadäquaten Sprechens und einer organischen Struktur zu überschreiten. In einer solchen Akzentuierung eines dem jeweils Dargestellten scheinbar äußerlichen rhetorischen Rahmens will Smith nun wiederum eine Entsprechung zu der marginalen Position der spanischen Kultur sehen.[21] Wie eingangs schon gesagt, ist die Annahme eines solchen Zusammenhangs zwar anregend, zugleich aber so schwach vermittelt, daß sie dem Verdacht, es handele sich um einen rein metaphorischen Brückenschlag, kaum entgehen kann.

Die Rolle eines vermittelnden Elements könnte, wie oben ebenfalls schon angekündigt, die Romantheorie von Michail Bachtin bilden. Für den pikaresken Roman trifft Bachtins Auffassung des Romans als einer dialogischen und vom karnevalesken Weltempfinden durchdrungenen Gattung ja in besonderem Maße zu. Einerseits nämlich steht er als Fortschreibung der Schwankliteratur in der Tradition einer karnevalesken Volkstradition, andererseits liegen seine gattungsgeschichtlichen Wurzeln überwiegend im Umkreis der me-

---

[20] Smith folgt hierbei der Interpretation von Harry Sieber in *Language and Society in* La vida de Lazarillo de Tormes, Baltimore 1978.
[21] *Writing in the Margin*, S. 19ff., 202ff.

nippeischen Satire, die für Bachtin bekanntlich den Prototyp literarischer Dialogizität bildet, so vor allem im autobiographischen Schema von Apuleius' *Goldenem Esel* und in der an Lukian anknüpfenden dialogischen Literatur der Renaissance.[22] Vor diesem Hintergrund besteht die Besonderheit des pikaresken Romans zunächst einmal darin, daß die von Bachtin beschriebenen Formen und Inhalte der menippeischen und karnevalesken Gattungstradition sich erstmals in der Neuzeit zu einer typenbildenden Romanstruktur kristallisieren und in dieser Form zur Exploration einer sozial marginalen Welt genützt werden können. Ähnlich wie im Schäferroman ist hierbei die Tendenz zur räumlichen und zeitlichen Konkretisierung des pikaresken Lebenslaufs im Kontext einer zeitgenössischen Handlungswelt – hier nun in einer prägnant alltagsweltlichen Form – ein gattungsgeschichtlich besonders bedeutsames Moment.[23] Aus der von Bachtin vorgegebenen Perspektive läßt sich die von Smith hevorgehobene Relation zwischen erzähltem Pikaroleben und Erzählrahmen bestimmen als dialogisches Verhältnis zwischen Volkskultur und offizieller Kultur, genauer: zwischen dem karnevalesken Diskurs, in dem die das Pikaroleben konstituierende Sequenz der *burlas* dargestellt wird, und dem gesellschaftskonformen, an den Ehrennormen oder an religiösen Werten orientierten Diskurs, dem sich der Erzähler immer wieder anzunähern sucht. Als besonders prägnantes Beispiel solcher Dialogizität sei nochmals das Ende des *Lazarillo de Tormes* genannt, wo die schwankhafte Dreieckssituation vom Gehörnten selbst dem die Ehrengesellschaft vertretenden Adressaten in beschönigender Weise dargeboten wird.

Damit ist jedoch noch nicht geklärt, inwieweit der aus der Volkskultur bezogene dialogische Impetus als Indiz für das Bewußtsein einer gesamtkulturellen Marginalität zu lesen ist. Hierbei stellt sich vor allem die Frage, in welcher Weise sich das Identitätsmodell des pikaresken Romans aus der Sicht der 'guten Gesellschaft', der ja nicht nur 'Euer Gnaden' sondern wohl auch die tatsächlichen Leser überwiegend angehörten, darstellt und wie sich für diese Leser ihre gesellschaftliche Identität im Verhältnis zur marginalen Pika-

---

[22] Vgl. Ilse Nolting-Hauff, „Pikaresker Roman und menippeische Satire", in: Wolf-Dieter Stempel/ Karlheinz Stierle (Hg.), *Die Pluralität der Welten. Aspekte der Renaissance in der Romania* (Romanistisches Kolloquium, Bd. 4), München 1987, S. 181-200. Zum Bezug zu Apuleius siehe Margot Kruse, „Die parodistischen Elemente im *Lazarillo de Tormes*", in: *Romanistisches Jahrbuch* 10 (1959), S. 292-304; zu einer detaillierten Rekonstruktion der intertextuellen Kette Bernhard König, „Margutte – Cingar – Lázaro – Guzmán. Zur Genealogie des 'pícaro' und der 'novela picaresca'", in: *Romanistisches Jahrbuch* 32 (1981), S. 286-305.

[23] Diese Evolution hat Bachtin in seiner auf den Begriff des Chronotopos zentrierten Untersuchung nachgezeichnet (siehe *Formen der Zeit im Roman. Untersuchungen zur historischen Poetik*, Frankfurt/M. 1989).

rowelt bestimmt.[24] Wenn man den pikaresken Roman der karnevalisierten Literatur zuordnet, so impliziert dies ja, daß neben die Ausgrenzungsgeste ein bejahendes Moment tritt, durch das die in der Struktur der Geschichte angelegte Distanzierung des niederen Helden zumindest teilweise aufgehoben wird. Auch der Erfolg des Pikaroromans ist letztlich wohl nur erklärbar, wenn man ein beträchtliches Identifikationsangebot voraussetzt. Ein aus den Texten selbst, insbesondere dem *Guzmán de Alfarache* ablesbares identifikationsheischendes Element ist sicher die Stilisierung der Pikaroexistenz zu einer von sozialen Zwängen, insbesondere den Ehrenzwängen entlasteten Lebensform, die – hierin ähnlich dem Schäferroman – Züge einer utopischen Gegenwelt annehmen kann.[25] Andererseits verweist die Fortüne des pikaresken Romans auch darauf, daß das für die Renaissance überhaupt charakteristische Interesse an der Volkskultur, bei dem sich der Wunsch nach einer Aufwertung der Volkssprache mit dem Beispiel der menippeischen Gattungstradition verband, in Spanien besonders ausgeprägt war.[26] Das legt den Gedanken nahe, daß hier ein früh erwachendes Bewußtsein von einer nationalen Kultur mit im Spiel ist, bei dessen Ausbildung die Situation der kulturellen Peripherie eine nicht unerhebliche Rolle spielt, da sie das Gefühl für kulturelle Unterschiede schärft.[27] Auch durch das Beispiel der spanischen *comedia* wird die Annahme eines solchen Zusammenhangs gestützt. So begründet Lope de Vega bekanntlich das Ausscheren des spanischen Theaters aus dem poetologischen Rahmen der Renaissance und damit das Abweichen vom italienischen Beispiel der *commedia erudita* durch die besonderen Wünsche des spanischen *vulgo*. Allerdings ist der Fall des pikaresken Romans in dieser Hinsicht wohl kom-

---

[24] Zu einer differenzierten Behandlung dieser Frage vgl. Peter N. Dunn, *Spanish Picaresque Fiction. A New Literary History*, Ithaca 1993, S. 291ff. Aufgrund der vorauszusetzenden 'innergesellschaftlichen' Leserschaft warnt Dunn nachdrücklich davor, dem pikaresken Roman eine subversive Funktion zuzuschreiben.

[25] Vgl. *Guzmán de Alfarache*, hg. von José María Micó, 2 Bde., Madrid ²1992, Bd. 1, S. 277ff., 293ff., 415f.

[26] Gemäß Peter Burke ist das Verhältnis von offizieller Kultur und Volkskultur im frühneuzeitlichen Europa durch eine Bewegung von „participation" zu „withdrawal" geprägt (*Popular Culture in Early Modern Europe*, New York 1978, insbes. S. 23ff., 270ff.). Doch entspricht die spanische Entwicklung, wie Maxime Chevalier feststellt, nicht ganz diesem Muster, da hier die literarische Verarbeitung volkskultureller Elemente zunächst, d.h. ab 1550, stark zunimmt (vgl. *Folklore y literatura: El cuento oral en el Siglo de Oro*, Barcelona 1978, S. 60ff.).

[27] So sieht Juan de Valdés die spanische Sprache als „más vulgar" als das Italienische bzw. Toskanische an, da sie nicht durch Schriftsteller wie Petrarca und Boccaccio bereichert und kultiviert worden sei. Als Basis für die Normierung des Kastilischen schlägt er daher die den Sprachgebrauch des *vulgo* dokumentierenden Sprichwortsammlungen vor (vgl. *Diálogo de la lengua*, hg. von Cristina Barbolani, Madrid 1990, S. 123ff.).

plexer als der der *comedia*. Denn während dort vor allem der altchristliche *labrador* die Schicht des einfachen Volkes vertritt, zeigt der pikareske Roman eine eher städtische Unterschicht und verweist darüber hinaus auf das von der ländlichen altchristlichen Bevölkerung besonders abgelehnte *converso*-Milieu. So kann für den pikaresken Roman wohl behauptet werden, daß der Rekurs auf das Repertoire volksnaher Formen und Motive aufgrund der dabei implizierten nationalkulturellen Konnotationen den identifikatorischen Brückenschlag zu sozialen Alteritätserfahrungen erleichtert; doch ist das Indiz für eine gesamtspanische Marginalitätserfahrung hier nicht einfach in der Bereitschaft zur Partizipation an der Volkskultur, sondern in der hochgradigen Spannung zwischen der Ausgrenzung der vom Pikaro repräsentierten marginalen gesellschaftlichen Welt und einer mehr oder weniger bewußten Identifikation mit dieser Welt zu sehen. Denn die besondere Intensität der Spannungsrelation zwischen den zentripetalen und den zentrifugalen kulturellen Tendenzen, zwischen dem Projekt eines homogenen katholischen Staates und der diesem Projekt entgegenstehenden kulturellen Heterogenität, ist wohl zweifellos ein Charakteristikum der Kultur des Siglo de Oro, das sich aus der spanischen Randlage erklärt. Die Figur des Pikaros stellt sich somit als das Zerrbild einer durch diese kulturellen Bedingungen produzierten Subjektivität dar.

IV.

Ein kurzer abschließender Blick auf den *Don Quijote* soll nun dazu dienen, die verschiedenen Stränge meiner Argumentation zusammenzuführen. Cervantes' Meisterroman bietet sich deshalb besonders dafür an, weil die beiden unterschiedenen Gattungsparadigmen zwei zentrale Bezugspunkte für ihn bilden. Die Bezüge zum Schäferroman ergeben sich einerseits aus einer Reihe einschlägiger Episoden, vor allem natürlich der Marcela-Grisóstomo-Episode, andererseits aus einem zentralen strukturellen Verfahren, der Verbindung von Haupthandlung und eingelegten Geschichten, insbesondere im ersten Teil im Kontext von Don Quijotes Aufenthalt in der Sierra Morena. Noch wichtiger ist für unseren Zusammenhang aber, daß Don Quijotes „Self-Fashioning" dem Modus des Schäferromans entspricht. Zwar liefert ihm der Ritterroman die imaginäre Welt, in die er sich versetzt, doch ist das Verfahren des Rollenwechsels, mit dem er sich den Zugang zu dieser Welt verschafft eben desjenige der sich in Schäfer verwandelnden Adligen, und so kann ihm die Schäferwelt dann auch zu einer Alternative werden, als ihm die Ritterwelt versperrt ist. Ebenso deutlich ist die Prägung des *Quijote* durch den pikaresken Roman und die ihm vorausliegenden Formen der menippeisch-karnevalesken

Literatur. Pikaresk ist der vor allem im ersten Teil dominierende Chronotopos einer Schenken- und Landstraßenwelt, in der die chevalereske Aventüre in die niedere Wirklichkeit der *burlas* hinabgezogen wird. Karnevalesk ist die Figur des Sancho Panza, der das gerade angedeutete identifikationsfähige Element der Volkskultur in besonders prägnanter Weise vertritt. Mit Hilfe des Modellierungspotentials der beiden Gattungslinien, der Linie des hohen Ritter- und Schäferromans und der volkstümlich-karnevalesken Linie narrativer Prosa, konstituieren sich zwei alternative Welten, an deren Schnittpunkt sich Quijotes Identitätsbildung vollzieht. Ihre konstitutiven Elemente sind somit sowohl das fiktionsbedingte Doppelgängertum der Schäfer als auch die soziale Marginalisierungserfahrung des Landjunkers, der wie der Pikaro im Kontext einer niederen Alltagswelt situiert ist. Mit der Kombination von Ritter- bzw. Schäferwelt und pikaresker Welt konstruiert Cervantes einen Dialog zwischen zwei Varianten des peripheren Standpunkts, in dem die gesellschaftliche Mitte gewissermaßen übersprungen wird.[28] Doch besteht das Novum des *Quijote* nicht nur in dieser Kombination, sondern darüber hinaus darin, daß sich in der Figur des Helden die heroische Ritterwelt und die prosaische Landstraßenwelt als Innenwelt und Außenwelt begegnen und somit eine Kluft zwischen Individuum und Gesellschaft konstituieren, die für die weitere Entwicklung des Romans paradigmatisch werden konnte. Durch die Interiorisierung der Alteritätsrelation als Gegensatz zwischen Innenwelt und Außenwelt ergibt sich ein besonders komplexer Befund für die im *Quijote* erfolgende Fom des „Self-Fashioning". Einerseits wird die Kluft zwischen individueller Idealwelt und niederer Alltagswelt bis zur Identitätsspaltung der *locura* vorangetrieben; andererseits wird sie dadurch wieder aufgehoben, daß die beiden Welten im Modus des Spiels miteinander vermittelt sind, eines Spiels, das sich aus dem intertextuellen Spiel des Autors, dem zumindest partiellen Spielbewußtsein Don Quijotes und dem spielerisch-karnevalesken Treiben der den Quijote umgebenden Figuren zusammensetzt.[29] Damit stellt Cervantes eine extreme Variante des „Renaissance Self-Fashioning" dar, in der sich eine besonders ausgeprägte Form der Marginalisierung mit einem besonders ausgeprägten Spiel- und Fiktionsbewußtsein verbindet. Beide Komponenten verweisen, wie die obigen Ausführungen zu verstehen geben

---

[28] Eine Mittelposition sowohl in gattungstheoretischer als auch in sozialer Hinsicht wird nur in den eingelegten Geschichten, vor allem in der Dorotea-Cardenio-Episode entworfen, da in ihnen der Lebenskreis einer gehobenen, bürgerlichen und adligen Gesellschaftsschicht in einem gehobenen Stil zur Darstellung kommt.

[29] Diesen spielerischen Charakter hat Erich Auerbach in seinem Beitrag zum *Quijote* („Die verzauberte Dulcinea") besonders betont (siehe Auerbach, *Mimesis. Dargestellte Wirklichkeit in der abendländischen Literatur*, Bern ^{5}1971, S. 331ff.).

sollten, nicht nur auf Momente innerspanischer Marginalität, sondern auch auf die Sonderstellung der spanischen Kultur des Siglo de Oro insgesamt.

Cervantes' Roman könnte somit als Beispiel dafür gelesen werden, wie kulturgeschichtliche Marginalität zum Ermöglichungsmoment gattungsgeschichtlicher Evolution wird. Als zentrale Triebfeder dieser Evolution erweist sich im *Don Quijote* der Dialog zwischen Formen des hohen und des niederen Romans und damit eine Variante jener Dialogizität, die nach Elias L. Rivers für die hispanische Literatur insgesamt merkmalhaft ist: des Dialogs nämlich zwischen einer durch komplexe Textualität geprägten schriftlichen Tradition und einem volkskulturellen Diskurs im Zeichen einer „oral vitality".[30] Rivers hat damit offensichtlich einen ähnlichen Sachverhalt im Blick wie Smith, wenn dieser die exzessive Textualität und Rhetorizität der spanischen Literatur des Siglo de Oro hervorhebt. Zugleich liefert Rivers jedoch ein weiteres Argument dafür, Smith' Marginalitätsthese im Sinne eines Zusammenhangs von Dialogizität und Marginalität zu konkretisieren. Drei Elemente dieses Zusammenhangs seien abschließend thesenhaft formuliert.

1. Die vergleichsweise beschränkte literarische Kultur des spanischen Mittelalters begünstigt in der Renaissance die Rezeption von außen kommender, insbesondere italienischer Gattungsparadigmen. Das damit enstehende Bewußtsein kultureller Abhängigkeit fördert eine – der Renaissance natürlich ohnehin eigene – reflektierte Praxis der Intertextualität und verbindet sich mit einer frühen Ausbildung des Fiktionsbewußtseins, das die Entwicklung der Gattung des Romans vorantreibt. Vor allem der Schäferroman ist beispielhaft für eine solche Verbindung von Intertextualität und Fiktionsbewußtsein und verknüpft sie mit der für die narrativen Gattungen konstitutiven Tendenz zur räumlich-zeitlichen Expansion.

2. Das Bewußtsein kultureller Abhängigkeit führt zusammen mit der Erfahrung innerspanischer kultureller Heterogenität zu dem Wunsch nach einer Affirmation der nationalen Kultur und damit zur Bereitschaft, sich mit Formen der eigenen Volkskultur zu identifizieren. Wie das Beispiel des pikaresken Romans zeigt, können durch die humanistische Rezeption der menippeischen Gattungstradition volkstümlich-karnevaleske Stoffe in die Form des Romans integriert werden, und dazu dienen, den Konflikt zwischen gesellschaftlich-kultureller Heterogenität und dem Ideal einer homogenen Gesellschaft zu modellieren.

3. Die periphere kulturelle Situation begünstigt daher eine in der menippeischen Gattungstradition angelegte Dialogizität. Dabei spielt der Dialog zwischen dem hohen Stil angenäherten Gattungsformen und Formen des

---

[30] Elias L. Rivers, *Quixotic Scriptures. Essays on the Textuality of Hispanic Literature*, Bloomington 1983, S. 155.

niederen und komischen Romans eine besondere Rolle, da er das spannungsreiche, zwischen Identifikation und Exklusion oszillierende Verhältnis zur Volkskultur darzustellen vermag. Diese Dialogizität, für die neben dem pikaresken Roman vor allem der *Don Quijote* beispielhaft ist, wird zum Darstellungsmittel einer frühneuzeitlichen Subjektivität, die in besonderer Weise dem Konflikt zwischen erweiterten Alteritätserfahrungen und zunehmendem kulturellen Normalisierungdruck ausgesetzt ist.

Gerhard Penzkofer

Die *aventure* des Romans: Roman und Novelle in Martorells *Tirant lo Blanc*

Zu den merkwürdigsten Urteilen, die der Pfarrer, der Barbier und die Köchin im berühmten „escrutinio" des *Don Quijote* (1.6) über die Bibliothek des Ritters von der traurigen Gestalt fällen, gehört die Würdigung von Martorells katalanischem Ritterroman *Tirant lo Blanc*.[1] Merkwürdig und bemerkenswert ist dieses Urteil wegen seiner Ausführlichkeit, seiner programmatischen Thematik und vor allem wegen seiner rätselhaften Widersprüchlichkeit, die ihm nicht zu Unrecht den Ruf des „pasaje el más obscuro del Quijote"[2] eingetragen hat. Was meinen Cervantes' Literaturspezialisten:

> – ¡Válame Dios! – dijo el cura, dando una gran voz –. ¡Que aquí esté Tirante el Blanco! Dádmele acá, compadre; que hago cuenta que he hallado en él un tesoro de contento y una mina de pasatiempos. [...] Dígoos verdad, señor compadre, que, por su estilo, es éste el mejor libro del mundo: aquí comen los caballeros, y duermen y mueren en sus camas, y hacen testamento antes de su muerte, con estas cosas de que todos los demás libros deste género carecen. Con todo eso, os digo que merecía el que le compuso, pues no hizo tantas necedades de industria, que le echaran a galeras por todos los días de su vida. Llevadle a casa y leedle, y veréis que es verdad cuanto dél os he dicho.[3]

Der paradoxe Charakter dieses Urteils, das den Roman emphatisch lobt und den Autor doch zu einer lebenslangen Strafe verdammt, weil er in seinem Werk auf „Albernheiten" („necedades") nicht verzichten konnte, hat bis

---

[1] Martorells Roman wurde erstmals 1490 in Valencia von Nicolás Spindeler gedruckt, dann 1497 in Barcelona von Diego de Gumiel. Die erste kastilische Übersetzung erschien 1511 in Valladolid, wiederum in der Druckerei von Diego de Gumiel, allerdings ohne Verweis auf Autor und Original. Diese Ausgabe, die wahrscheinlich auch Cervantes liest, ist in einer Edition von Martín de Riquer zugänglich (Joanot Martorell, *Tirante el Blanco*, hg. von Martín de Riquer, Barcelona 1990). Der katalanische Text ist in neuester Zeit mehrfach ediert worden. Ich zitiere aus Joanot Martorell, *Tirant lo Blanc i altres escrits*, hg. von Martí de Riquer, Barcelona 1990.

[2] Diego Clemencín in seiner Edition *El ingenioso hidalgo Don Quijote de la Mancha*, Madrid 1833-1839.

[3] Ich zitiere aus Miguel de Cervantes, *Don Quijote de la Mancha*, 2 Bde., hg. von John J. Allen, Madrid 1986; hier Bd. 1, S. 134f.

heute keine verbindliche Erklärung gefunden.[4] Um so mehr – und vielleicht zu vorschnell – ist sich die moderne Kritik einig, daß das Urteil des Pfarrers als zukunftsweisender Aufruf zu einem den Intentionen des *Quijote* entsprechenden anti-romanesken Realismus *avant la lettre* zu begreifen sei, den die essenden und schlafenden Ritter des *Tirant* erstmals zur Geltung bringen. Als Lob lebensweltlicher Wirklichkeitsnähe ausgelegt, weist der Spruch des „Cura" der Martorell-Rezeption bis heute den Weg. Die maßgeblichen Kenner des Ritterromans halten am realistischen Charakter des *Tirant* fest, ohne sich darum zu kümmern, wie wirklichkeitsnah ein Roman sein mag, der wenige Jahre nach dem historischen Fall von Konstantinopel mit dem triumphalen Sieg von Byzanz über die Osmanen endet. So ist Martorells Roman für Vargas Llosa, den heute vielleicht belesensten Spezialisten des spanischen Ritterromans, ohne Zweifel überreich an Phantasie, aber doch immer auch „creación de una realidad total", d.h. eine Schöpfung „a imagen y semejanza de la realidad total de su época."[5] Dámaso Alonso charakterisiert Martorells *Tirant lo Blanc* durch einen „realismo libre y vitalista".[6] Und Martín de Riquer ist des *Tirant* wegen, dem er nur noch den *Petit Jehan de Saintré* zur Seite stellen will, sogar bereit, den Ritterroman in

---

[4] Vgl. zu dieser Frage die ausführliche Bibliographie von Josep M. Solà-Solé, „Tirant lo Blanc (a Bibliography)", in: Solà-Solé (Hg.), *Tirant lo Blanc: Text and Context. Proceedings of the Second Catalan Symposium*, New York u.a. 1993, S. 199-201. Die Diskussion bis 1953 findet sich zusammengefaßt in Margaret Bates, „Cervantes' Criticism of *Tirant lo Blanch*", in: *Hispanic Review* 21 (1953), S. 142-144. Hervorheben möchte ich die häufig genannte, aber sehr anfechtbare Position von Martín de Riquer, der den gordischen Knoten der *Tirant*-Verurteilung durch metaphorische Auslegung – „echar a galeras" ist gleich „imprimir" – aufzulösen vermeint. Vgl. Martín de Riquer, „'Echar a galeras' y el pasaje más oscuro del *Quijote*", in: *Revista de Filología Española* 27 (1943), S. 82-86. Riquers Auslegung ist fragwürdig, weil sie ein kryptisches Textverständnis voraussetzt, das die Transparenz und Kohärenz des „escrutinio" sprengt; problematisch ist daneben, ob die metaphorische Deutung tatsächlich den sprachlichen Kodes des historischen Lesers entspricht. Das wesentliche Argument gegen Riquer liegt aber darin, daß seine Interpretation das versteckte Zitat des „Cura" zum Verschwinden bringt. Wenn der Pfarrer gerade die Unabsichtlichkeit der „necedades" tadelt, dann zitiert er ein poetologisches Wissen, das sich noch in den Poetiken des 17. Jahrhunderts identifizieren läßt, tatsächlich aber auf Thomas von Aquin zurückgeht: „[...] magis laudatur artifex qui volens peccat, quam qui peccat nolens" (*Summa theologica* II, 57, 4). Zur Kritik an Riquer vgl. auch Manuel de Montolíu, „El juicio de Cervantes sobre el *Tirant lo Blanch*", in: *Boletín de la Real Academia Española* 29 (1949), S. 263-277.

[5] Mario Vargas Llosa, *Carta de batalla por Tirant lo Blanc*, Barcelona 1991, S. 28.

[6] Dámaso Alonso, „El realismo libre y vitalista del *Tirant-lo-Blanc*: Un ejemplo", in: *Coloquio* 7 (1972), S. 5-11. Vgl. daneben Dámaso Alonso, „Tirant lo Blanch, novela moderna", in: *Revista Valenciana de Filología* 1 (1951), S. 179-215.

zwei Strömungen zu unterteilen: die „libros de caballería", für die repräsentativ die Familie des *Amadís de Gaula* steht, setzen die französische „matière de Bretagne" und besonders den *Lancelot* fort und zeichnen sich deshalb durch märchenhafte Wirklichkeitsferne aus; die „novela caballeresca" sei dagegen nichts anderes als „fiel reflejo de la sociedad". Die damit verbundenen Schlagworte − „realidad inmediata y conocida", „verdad geográfica", „personas auténticas en su tiempo", „toque de actualidad y de veracidad"[7] − weisen den Roman als das aus, als was ihn die Verfechter des Realismus verstanden wissen wollen, als Vorläufer der „novela nueva", kurz des modernen Romans und damit als Parteigänger von Cervantes selber. Erst in neuester Zeit wird das Realismus-Postulat des „Cura", wenn sein Urteil denn so eindeutig verstanden werden darf, in Frage gestellt. *Tirant lo Blanc*, so eine vorsichtige Formulierung von A. Schönberger, könnte auch „als feinsinnige Parodie auf die Ideologie des Rittertums gedacht sein".[8] Und G. Wild sieht in Martorells Roman, gestützt auf dessen brüchige Rezeption der Artusmaterie, „diskursive Verwerfungen" am Werk, die ihn, analog zu postmodernen Texten, als „bedeutungsloses und zweckfreies Spiel mit dem Vergangenen" ausweisen.[9] Es ist nicht auszuschließen, daß gerade eine

---

[7] Martín de Riquer, *Tirante el Blanco*, S. XLVIIff.; Zitate S. XLVIIf. Riquer hat seine Position mehrfach expliziert; so u.a. schon in seiner *Història de la literatura catalana*, Barcelona 1964, Bd. 2, S. 575-602 und S. 632-21; und zuletzt in *Aproximació al Tirant lo Blanc*, Barcelona 1990, besonders S. 65ff.

[8] Axel Schönberger, „*Tirant lo Blanch* (1490) und *Curial e Güelfa* (ca. 1450): Formen ritterlicher Liebe im späten katalanischen Mittelalter", in: *Zeitschrift für Katalanistik. Revista d'Estudis Catalans* 4 (1991), S. 174-248, hier: S. 192. Vgl. dort auch S. 194: „Eine mögliche Erklärung für den großen katalanischen Ritterroman als das gemeinsame Endprodukt des literarischen Wirkens zweier Autoren wäre die Interpretation, daß diese auf allen Registern und Möglichkeiten des herkömmlichen Genres spielen wollten und den Bogen − bewußt? − dabei so überspannten, daß für den gebildeten und nachdenklichen Leser eine kunstvolle Parodie auf die alten Ideale des Rittertums und die herkömmlichen Ritterromane entstand, die auf mehreren Ebenen les- und deutbar war."

[9] Gerhard Wild, „Ausgrenzung und Integration arthurischer Themen im katalanischen Mittelalter (von Muntaners *Crònica*, *Blandín de Cornualla* und Torroellas *La Faula* zu Martorells *Tirant lo Blanc*)", in: *Zeitschrift für Katalanistik. Revista d'Estudis Catalans* 3 (1990), S. 67-89, hier: S. 87. Zu den langsamen Veränderungen der Martorell-Rezeption vgl. auch die Beiträge in Solà-Solé (Hg.), *Tirant lo Blanc*: während einige Arbeiten noch ganz auf dem modernen, d.h. realistischen Charakter des *Tirant* bestehen, versuchen andere den wesentlich plausibleren Zusammenhang mit vormodernen und mittelalterlichen Traditionen herzustellen. Zur ersten Position vgl. vor allem Manuel Duran, „*Tirant lo Blanc* and some Modern Theories on the Novel", ebd., S. 39-69; zur zweiten Position vgl. Roberto J. González-Casanovas, „History as Myth in Muntaner's and Martorell's Story of (Re)conquest" und Charles J. Merrill, „Reading *Tirant lo Blanc* as Medieval Romance", ebd., S. 71-91 und S. 165-179.

solche ludistisch/parodistische Lektüre des *Tirant* den Sinn des Cervantinischen „escrutinio" trifft, denn die vom „Cura" gelobten lesenden, schlafenden und in ihren Betten sterbenden Ritter sind ohne Zweifel nicht nur lebensechte Figuren, sondern vor allem auch anti-romaneske Verzerrungen des Ritterideals. Auch damit wird aber nicht erkennbar, warum Martorell, wenn sein Roman doch so viele Vorzüge vereint, bei Cervantes immerhin noch die Galeerenstrafe verdient.

Hier setzt meine eigene These ein. Sie geht davon aus, daß sich der spanische Roman der beginnenden Neuzeit als konflikthafter Dialog interferierender narrativer Gattungen präsentiert. Als Antagonisten treten dabei auf der einen Seite der Roman und eben der Ritterroman mit seiner märchenhaften, providentiell gesicherten Welt auf; auf der anderen Seite das von Riquer und Vargas Llosa vermerkte und unverkennbar favorisierte anti-idealisierende Wirklichkeitsmodell, das seit Boccaccio auch in Spanien – zumindest vor dem Erscheinen der *Novelas ejemplares* – entscheidend von der Novelle italienischer Provenienz repräsentiert wird:[10] in der Novellenliteratur – und vor allem in der Schwanknovelle vom Typ Boccaccios – ist Welt, gegenläufig zum Ritterroman, nicht als stets gesicherte, transparente, weil göttlich garantierte Harmonie, sondern als eher undurchschaubares, kontingentes, ja zum Chaos neigendes Gefüge zu begreifen, als Kasus, dessen Lösung die Entscheidungskraft und Handlungsmächtigkeit der Menschen voraussetzt und herausfordert.[11] Mit Bachtin gesprochen bezeichnen die *aventuren* des Romans als Gattung also den textimmanent ausgetragenen Konflikt zwischen idealisierender „erster" und (vorgeblich) realistischer „zweiter stilistischer Linie" des Romans,[12] der das spanische *Siglo de oro* als Raum einer erneuten „Verwilderung" der Gattung ausweist, wie sie Stierle schon einmal früher – in der produktiven Überlagerung von Roman

---

[10] Zur Novelle in Spanien vgl. Werner Krauss, „Novela-Novella-Roman", in: *Gesammelte Aufsätze zur Literatur- und Sprachwissenschaft*, Frankfurt/M. 1949, S. 50-57; Wolfram Krömer, *Kurzerzählungen und Novellen in den romanischen Literaturen bis 1700*, Berlin 1973, S. 150-173; Hermann Hubert Wetzel, *Die romanische Novelle bis Cervantes*, Stuttgart 1977. Zur Boccaccio-Rezeption in Spanien vgl. Arturo Farinelli, „Note sulla fortuna del Boccaccio in Ispagna nell' Età Media", in: *Archiv für das Studium der neueren Sprachen und Literaturen* 114 (1905), S. 397-429 und 115 (1905), S. 368-388.

[11] Zum Wirklichkeitsmodell der Novelle bei Boccaccio und seinen Nachfolgern vgl. Hans-Jörg Neuschäfer, *Boccaccio und der Beginn der Novelle. Strukturen der Kurzerzählung auf der Schwelle zwischen Mittelalter und Neuzeit*, München 1969, zusammenfassend S. 122ff. Ähnlich Wetzel, *Die romanische Novelle*, S. 23-26, S. 62ff., S. 72-78.

[12] Michail Bachtin, „Das Wort im Roman", in: ders., *Die Ästhetik des Wortes*, Frankfurt/M. 1979, S. 251-300.

und *chanson de geste* – gesehen hatte.¹³ Anders als Riquer – und wohl auch gegen Bachtin – lasse ich diesen nicht immer ritterlichen Zweikampf der Gattungen und 'Roman-Linien' jedoch nicht ohne weiteres mit dem Sieg der anti-idealisierenden, wirklichkeitsnäheren Literatur enden. Der Konflikt der Gattungen, so meine These, wird in der Zeit des spanischen *Siglo de oro*, mit der großen Ausnahme des Schelmenromans, weitgehend zugunsten der romanesken Literatur entschieden – auch wenn diese dabei selber ihr Gesicht teilweise verändert. Zeugen einer solchen Entwicklung sind – um nur einige zu nennen – der Erfolg der wirklichkeitsverdrängenden *Amadis*-Serien,¹⁴ die Idealisierungen des Schäferromans, Cervantes' *Novelas ejemplares*¹⁵ und auf seine Weise eben *Tirant lo Blanc*. Ich interpretiere Martorells Roman folglich weder als naive Wirklichkeitsspiegelung, noch als Parodie oder als Spiel – auch wenn er 'realistische', parodistische und ludistische Elemente enthalten mag. Vielmehr versuche ich zu zeigen, daß *Tirant lo Blanc* stets bemüht ist, seine unbestrittene Faszination an der „irreduziblen Individualität"¹⁶ historischer Wirklichkeit in ihren für die Epoche unabsehbaren Folgen zu begrenzen und zu entschärfen; genauer, daß er versucht, der Bedrohlichkeit eines durch Partikularität und Kontingenz bestimmten Wirklichkeitsmodells durch seine Harmonisierung mit der providentiellen Ordnung des Ritterromans entgegenzuarbeiten – auch wenn diese Harmonisierung dann gefährliche Risse aufweist. In diesem Sinne erscheint Martorells Roman als polemischer Dialog, den die Ritterlehre mit ihrem Gegner führt, mithin als Domestizierungsanstrengung, die ich in *Tirant lo Blanc* an einigen für den Ritterroman besonders aussagekräftigen Motiv-

---

[13] Ich beziehe mich auf Karlheinz Stierle, „Die Verwilderung des Romans als Ursprung seiner Möglichkeit", in: Hans-Ulrich Gumbrecht (Hg.), *Literatur in der Gesellschaft des Spätmittelalters* (Grundriß der romanischen Literaturen des Mittelalters: Begleitreihe, 1), Heidelberg 1980, S. 253-313. Zur Unterscheidung von Roman und „chanson de geste" vgl. Hans Robert Jauss, „Epos und Roman – eine vergleichende Betrachtung an Texten des 12. Jahrhunderts", in: ders., *Alterität und Modernität der mittelalterlichen Literatur*, München 1977, S. 310-326.

[14] Die Märchenhaftigkeit von Montalvos *Amadís* gründet zu großen Teilen auf massiven, textimmanent verfolgbaren Verdrängungsstrategien, denen gerade der historische „cimiento de verdad" zum Opfer fällt. Vgl. dazu Gerhard Penzkofer, „Montalvos *Amadís*. Märchen ohne naive Moral", in: *Romanische Forschungen* 106 (1994), S. 61-83.

[15] Allerdings gibt es hierzu unterschiedliche Ansichten. Vgl. Ruth El Saffar, *Novel to Romance. A Study of Cervantes' „Novelas Ejemplares"*, London 1976.

[16] Zur Formulierung vgl. Hans-Ulrich Gumbrecht, „Menschliches Handeln und göttliche Kosmologie: Geschichte als Exempel", in: Hans-Ulrich Gumbrecht / Ursula Link-Heer / Peter-Michael Spangenberg (Hg.), *La littérature historiographique des origines à 1500* (Grundriß der romanischen Literaturen des Mittelalters, Bd. XI/1), Heidelberg 1987, 3. Teilband, S. 869-950, hier: S. 943.

komplexen beschreiben möchte – der ritterlichen *aventure*, der Liebe des Ritters, dem Verhältnis von adeligem „llinatge" und ritterlicher Ethik, schließlich an Tirants Tod. Und ich möchte im Anschluß daran eine Erklärung wagen, warum das „escrutinio" in Don Quijotes Ritterbibliothek Martorells *Tirant lo Blanc* zugleich lobt und verdammt.

1. Die tragische *aventure*, das Opferritual und der Untergang des Abendlandes

Martorells Roman beginnt merkwürdiger Weise nicht mit den Abenteuern und schon gar nicht mit den „enfances" des bretonischen Ritters Tirant lo Blanc, sondern mit der Geschichte des Grafen Guillem de Varoic – des englischen Warwick –, die mit dem Leben Tirants nur am Rande verbunden ist. Varoic verläßt nach einer Wallfahrt in das Heilige Land Frau und Hof, um sich in eine fromme Einsiedelei zurückzuziehen. Als allerdings die Mauren England bedrohen, wird Varoic auf Geheiß der Gottesmutter Maria zum englischen Interimskönig ausgerufen, der die heidnischen Angreifer vernichtend schlägt, um dann sein Leben im Rufe der Heiligkeit als Eremit zu beenden. Hier beginnt der Handlungsstrang Tirants. Tirant trifft auf seinem Weg zu den in aller Welt gerühmten Turnieren, die die Hochzeit des englischen Königs mit der französischen Königstochter festlich begleiten, zufällig auf die Einsiedelei des alten Varoic, der ihn mit Freuden in den Lehren des wahren, christlichen Rittertums unterweist. Danach verschwindet der Eremit fast ganz aus der Geschichte,[17] während sich das Leben Tirants als exemplarische Ritterbiographie[18] vor den Augen des Lesers entfaltet: unser Held entscheidet zunächst alle prominenten Zweikämpfe des englischen Turniers mit Glanz und Ehren für sich. Dann bricht er in Begleitung des französischen Infanten Felip nach Rhodos auf, um die Insel von der überlegenen maurischen Belagerung zu befreien. Der Erfolg ist ihm gewiß, so daß er wenig später dem Kaiser von Konstantinopel gegen die gesammelten Armeen des „Gran Turc" zu Hilfe eilen kann. Tirant wird sogleich Oberbefehlshaber des von nun an siegreichen griechischen Heeres, gewinnt ebenso leicht die Kaiserstochter Carmesina für sich, um sie später, nach langen Feldzügen in Nordafrika, zu heiraten – womit er zugleich Nachfolger des Kaisers wird. Tirant stirbt jedoch noch vor dem Tod des alten Herrschers an

---

[17] Er wird nur noch einmal in Erscheinung treten, um sich Tirants Heldentaten während des englischen Turniers berichten zu lassen.

[18] Zu den Strukturen der Ritterbiographie vgl. Gerhard Wild, *Erzählen als Weltverneinung. Transformationen von Erzählstrukturen im Ritterroman des 13. Jahrhunderts*, Essen 1993, besonders S. 87-123.

einer Erkältung, was Cervantes, glaubt man seinem „escrutinio", besonders begeistert hat.

Es mag nun für Martorells Roman als realistische *novela caballeresca* sprechen, daß Tirants Lebensweg auf besondere Weise Gattungszüge vereint, die der ersten „Verwilderung" des Romans, also der wechselseitigen Durchdringung von *roman* und *chanson de geste*, entsprechen. So verdankt Martorells *Tirant* dem Epos nicht nur die Kreuzzugsthematik, sondern vor allem auch seine bekannte Vorliebe für historische und geographische Realien.[19] Zugleich evoziert Martorell Merkmale des märchenhaften Ritterromans[20] vom Type des *Amadís*, doch nur, um sie zu problematisieren: so ist Tirant ohne Zweifel ein Märchenheld, der sich in unzähligen Prüfungen und Bewährungen die Hand der Königstochter – bzw. hier der griechischen Kaiserstochter Carmesina – erwirbt; anders als Amadís stirbt Tirant jedoch vorzeitig und auf banale Weise noch vor dem Genuß seiner Mühen. Richtig ist auch, daß das im *Amadís* durchgehaltene, von der hilfreichen Fee Urganda garantierte Erlösungsschema der ritterlichen *aventure* im *Tirant* nur teilweise, wenn überhaupt, eingelöst wird: zwar ist Tirant ein unbesiegbarer Retter der Witwen und Waisen, doch widerfährt ihm dabei keineswegs, wie im Märchenroman, nur das, was ihm – und nur ihm – schicksalhaft vorgeschrieben ist.[21] Was Tirants Handlungen auszeichnet, ist vielmehr, wie es zunächst scheint, die schon von J. Burckhardt hervorgehobene Selbstmächtigkeit, Selbstverantwortlichkeit und Autonomie des Menschen, der an der Grenze zwischen Mittelalter und Renaissance beginnt, sein Geschick durch die volle Entfaltung seiner Fähigkeiten, die Berechnung von Mitteln und Zwecken und durch die rationale Bewältigung aller Unwägbarkeiten des Lebens selber zu steuern und zu meistern.[22] Nicht die Heilsgewißheit eines *Amadís*, sondern die Handlungsautonomie des Menschen im Rahmen einer zukunftsoffenen Geschichte bildet, so ein erster Leseeindruck, die Prämissen eines in diesem Sinne prämodernen Erzählens. Damit verbunden: eine kaum verhohlene Faszination an der Professionalität des Krieges, der weniger durch göttlichen Eingriff als durch die Genialität und das Wissen des

---

[19] Karlheinz Stierle, „Die Verwilderung des Romans", besonders S. 278f.
[20] Zur Poetik des märchenhaften Ritterromans vgl. Ilse Nolting-Hauff, „Märchen und Märchenroman. Zur Beziehung zwischen einfacher Form und narrativer Großform in der Literatur", in: *Poetica* 6 (1974), S. 147-178.
[21] Zur schicksalhaften *aventure* vgl. Erich Köhler, *Ideal und Wirklichkeit in der höfischen Epik. Studien zur Form der frühen Artus- und Graldichtung*, Tübingen 1970, S. 66-88.
[22] Jakob Burckhardt, *Die Kultur der Renaissance in Italien*, Stuttgart 1988 (1869), besonders S. 97-124.

Strategen entschieden wird und sich damit als menschengemachtes 'Kunstwerk' erweist.[23]

Dennoch fundieren Beobachtungen dieser Art nicht die (intendierte) Botschaft des Romans. Die der Tirant-Handlung vorangestellte, nur vermeintlich kohärenzgefährdende Geschichte des Einsiedelkönigs Varoic erhält hier ihre unverzichtbare Bedeutung.[24] Varoics exemplarisches Leben, das religiösen Weltverzicht und ritterliche Tugend vorbildhaft vereint, vor allem aber seine als „Arbre de Batalles" emphatisch vorgetragenen Unterweisungen (Kap.32-37), die die Ritterlehren eines Ramón Llull und Juan Manuel in enger Anlehnung wiederholen, bilden nämlich gerade zu Textbeginn einen programmatischen Auslegungsrahmen, in dem das Handeln der Menschen weniger auf Freiheit und Selbstmächtigkeit als auf verpflichtende religiöse und weltliche Ordnungen verweist. Wie schon bei Llull, nimmt dabei die Idee einer *militia Christi*, die das Leben und die Lehren des ritterlichen Einsiedlers bestimmt, breitesten Raum ein. „Oficio de caballero es mantener la santa fe católica" – heißt es gleich zu Beginn von Llulls *Libro de la orden de caballería;*[25] und ebenso Varoic: „Primerament, fon fet cavaller per mantenir e defendre la santa mare Església" (S. 175). Für diesen Dienst an der Christenheit ist der Ritter, bei Martorell wie bei Llull, Werkzeug und Zeichen zugleich: sein Harnisch bedeutet Rüstung und Brustwehr der Kirche; seine lange Lanze ruft die langen Traditionen des wahren Glaubens auf und hält seine Feinde fern. Das Schwert bedeutet Gnadenlosigkeit im Kampf gegen die Glaubensfeinde, der Schwertgurt christliche Keuschheit, der Griff das Kreuz Jesu, und der Knauf schließlich spiegelt die Welt, die der Ritter dem Bösen entreißen soll (S. 177-180).[26] Mag der Ritter also selbstmächtig und selbstverantwortlich handeln, so sind seine Taten doch stets einer der irdischen Geschichte entzogenen Ordnung eingeschrieben, die die ritterliche Ethik ein für allemal als *militia Christi* begründet. Dieser Bezug von „cavalleria" und christlicher Heilsordnung bleibt in Martorells Roman auch nach der Geschichte Varoics präsent. Sie manifestiert sich paradigmatisch in deskriptiven Details – den Jungfrauen und alten Rittern etwa, die beim Ritterschlag die sieben Wonnen Mariae und die vier Evangelisten darstellen (S. 212), oder in Tirants Fächer („ventall"), der auf der einen Seite das Kreuz Christi, auf der anderen das Antlitz Mariae zeigt (S. 212). Am nachdrücklichsten kommt die christliche Heilsordnung indes in

---

[23] Ebd., S. 74-76.
[24] Zur Einheit von Martorells Roman vgl. auch Wolf Goertz, „Zur Einheit des *Tirant lo Blanc*", in: *Romanistisches Jahrbuch* 18 (1967), S. 249-267.
[25] Ramón Llull, „Libro de la orden de caballería", in: Ramón Llull, *Obras literarias*, hg. von M. Batllori und M. Caldentey, Madrid 1948, S. 112.
[26] Ebd., S. 129-133.

den großen Handlungsbögen des Romans zum Ausdruck, die vom Einfall der Mauren in England, der Belagerung von Rhodos, der Bedrohung Konstantinopels bis hin zu Tirants Feldzügen in Afrika stets vom Sieg des wahren Glaubens über die Heiden erzählen. Und vielleicht verrät sich die Ordnung der Providenz sogar noch in der Abfolge der Geschichten von Varoic und Tirant selber, die in einer letzten Erinnerung an das figurale Denken des höfischen Mittelalters Tirants Heldentaten als zweiten „Kursus" und „steigernde Reprise" auf die „figura" Varoics rückbezieht.[27] Eine besondere Rolle für die *militia Christi* des Ritters spielen auch die zahlreichen Turniere, die Martorells Roman zu beschreiben nicht müde wird. Ich möchte auf diese Turniere genauer eingehen, weil sie eine eigentümliche Verbindung zum märchenhaften Ritterroman und seinen Abenteuern herstellen; eigentümlich deshalb, weil sich das Turnier bei Martorell zwar von der Finalität der märchenhaften Bewährung und Erlösung trennt, aber zugleich doch die Gültigkeit jenes göttlichen Heilsplanes profiliert, den im Ritterroman vom Typ des *Amadís* die *aventure* zur Geltung bringt: Das Turnier ist bei Martorell eine Metamorphose des providentiell geleiteten Ritterabenteuers.

Die ritterlichen Schaukämpfe am englischen Königshof, die fast den ganzen ersten Teil von Martorells Roman einnehmen, gehorchen in vielen Zügen den bekannten Ritualen des Ritterturniers, genauer des Einzelstechens, der „Tjoste", wie sie aus dem höfischen Roman, den Chroniken – etwa der *Chronica majora* des Mathäus von Paris –, den Turnierbeschreibungen in Antoine de La Sales *Jehan de Saintré* oder schließlich den „cartas de batalla" Martorells selber erschließbar sind, um sich doch zugleich wesentlich von ihnen zu unterscheiden.[28] Vergleichen wir dazu die Kämpfe, die in Martorells Roman der König von Apollònia, der König von Frisa, der

---

[27] Zur Struktur des „doppelten Kursus" im höfischen Roman und seiner figuralen Deutung als „steigernde Reprise" vgl. Hugo Kuhn, „Erec", in: Kuhn, *Dichtung und Welt im Mittelalter*, Stuttgart 1959, S. 133-150; sowie Rainer Warning, „Formen narrativer Identitätskonstitution im höfischen Roman", in: Odo Marquard / Karlheinz Stierle (Hg.), *Identität* (Poetik und Hermeneutik VIII), München 1979, S. 561ff. Daß Varoic in vieler Hinsicht die Figur Tirants ankündigt, zeigt sich selbst am Vergleich ihrer Liebeserfahrungen; vgl. dazu Patricia J. Boehne, „Lovesickness as Contagion: Guy and Tirant", in: Solà-Solé (Hg.), *Tirant lo Blanc*, S. 5-18.

[28] Zur Entwicklung, den verschiedenen Formen und zur gesellschaftlichen Funktion des Turniers vgl. Johan Huizinga, *Herbst des Mittelalters. Studien über Lebens- und Geistesformen des 14. und 15. Jahrhunderts in Frankreich und in den Niederlanden*, Stuttgart [8]1961, S. 85-146; Joachim Bumke, *Höfische Kultur*, München 1986, Bd. 1, S. 227-236 und S. 342-379. Für Spanien vgl. Martí de Riquer, *Lletres de batalla, cartells de deseiximents i capítols de passos d'armes*, 3 Bde., Barcelona 1963-1968. Riquer hat auch die „cartas de batalla" von Martorell publiziert: *El combate imaginario: Las cartas de batalla de Joanot Martorell*, Barcelona 1972.

Herzog von Burgund und schließlich Felip, Herzog von Bayern, während des englischen Turniers gegen Tirant austragen und verlieren (Kap. 68-73). Die vier Herrscher haben sich zufällig in Rom getroffen, wo sie bei den Feierlichkeiten eines „Heiligen Jahres" – es handelt sich, historisch verifizierbar, um das Jahr 1450 – vor dem Schweißtuch der Veronika einen besonderen Ablaß erlangen. Sie befinden sich also im Stande der Unschuld und beschließen auch deshalb, sich an den spektakulären Turnieren des englischen Königs zu beteiligen – und zwar „a tota ultrança" (S. 238), also selbst und gerade um den Preis, dort den Tod zu finden. In England eingetroffen, zeichnen sich die beiden Könige und die zwei Herzoge durch eine bis dahin ungeahnte Pracht und Herrlichkeit aus: Goldketten und Juwelen, Hermelin und Brokat zieren ihre Zelte in Überfluß; ihre Betten werden von vier wunderschönen Jungfrauen und von vier mächtigen, mähnentragenden Löwen bewacht; sie selber treten wie überirdische Wesen auf, denn sie tragen hauchdünne Seidenbänder über den Augen, um zu sehen, aber nicht gesehen zu werden. Und sie sprechen nicht. Wenn sie sich mitteilen, dann mit Hilfe der Löwen, die schriftliche Botschaften überbringen. Dann beginnen die tagelangen Zeremonien des Turniers – der Einzug an den Königshof, die umständliche Erklärung der Kampfbedingungen und der Waffen, die Einladung der Gegner, die gegenseitige höfische Bewirtung von Gästen und Gastgebern, die sorgfältige Vorbereitung des Turnierplatzes, das Hören der Messe, schließlich der Kampf selber, dem das festliche Erscheinen des ganzen Hofes auf den Tribünen der Arena und der triumphale Aufzug der Kontrahenten vorausgeht. All diese auch aus anderen Quellen bekannten Qualitäten des Ritterturniers[29] – seine Prunkentfaltung als höfisches Fest, die zeremonielle Inszenierung des Kampfes, die Wandlung der *aventure* von der märchenhaften Schadensbehebung zum aristokratischen Prestigekampf – bilden bei Martorell indes nur den Hintergrund für eine den höfischen Rahmen sprengende, schockierende Realität. Dieser außergewöhnliche Charakter des Turniers kündigt sich bereits mit der Überhöhung der Herausforderer an – ihrem wunderbaren Reichtum, ihrer verborgenen Identität, ihrer religiösen Bindung –, zeigt sich in seinem ganzen Ausmaße jedoch erst in den Bedingungen des Kampfes und seinen Folgen. Gegen alle tradierten Regeln und Gepflogenheiten des ritterlichen Schaukampfes, gegen die übliche und durch stumpfe Waffen garantierte Pflicht der Sicherheit und der „fiance", gehorcht das Turnier am englischen Hofe den Gesetzen der „guerra guerrejada" (S. 244), was nichts anderes als den mit aller Grausamkeit betriebenen Tod des unterlegenen Ritters bedeutet – es sei denn, dieser wollte sich selbst

---

[29] Huizinga, *Herbst des Mittelalters*, S. 106-110.

für besiegt erklären und damit sein Leben auf schmähliche Weise retten.[30] Ein solches Todesritual wird von den königlichen und herzoglichen Kämpen unmißverständlich gefordert:

> Qualsevulla cavaller o cavallers que armes a tota ultrança ab nosaltres fer volrà, vinga al nostre alleujament e trobarà allà per divisa una gàbia de nau posada sobre un arbre qui no té fruit ni fulla ni flor, que ha nom Seques amors. Entorn de la gàbia trobaran quatre escuts tots pintats d'oriflama, e cascun escut té son nom: lo u se nomena Valor, l'altre Amor, l'altre Honor et lo quart se nomena Menys valer. E lo cavaller qui tocarà l'escut qui es nomena Amor s'ha a combatre a cavall ab tela, ab arnès d'una dobladura, e hagen a córrer tant e tan llongament fins que l'u o l'altre sia mort o vençut [...] Qui tocarà l'escut que es nomena Honor, ha de fer les armes sens tela, l'arnès sens guarda neguna ni tarja ni escut, ne vairescut, i la llança o llances sien de desset palms, sens roda ni altra maestria e ferros esmolats; e si perd llança o la romp, ne puga haver tantes com li plaurà fins a tant que mort o vençut sia. (S. 244f.)

Es folgen noch zwei weitere „cartas de batalla", die ebenfalls den Tod des Besiegten in Kauf nehmen oder gar wünschen – wobei es keiner großen Voraussicht bedarf, um zu wissen, daß Tirant nicht nur eine, sondern alle vier Herausforderungen annimmt und glänzend besteht: Die stolzen Könige und Herzoge finden unter seiner Hand den Tod und werden mit allen Ehren in der Kathedrale von London bestattet. Damit rückt eine zweite Eigentümlichkeit des englischen Turniers in den Vordergrund: die Gefallenen werden nicht nur mit außergewöhnlichen Zeichen der weltlichen und kirchlichen Ehrerbietung überhäuft, sondern mehr noch als 'Märtyrer' gefeiert.[31] Die toten Ritter gelten nämlich als „màrtirs d'armes", als 'Märtyrer des Rittertums', was bei Martorell einschließt, daß sie auch Märtyrer der Christenheit sind. Das geht aus der programmatischen Identifizierung von Rittertum und *militia Christi* hervor und wird nicht zuletzt durch die triumphale, versteckt auf Varoics Ritterlehre zurückverweisende Grablegung der Gefallenen bezeugt, die um so auffälliger ist, als sie der historisch dokumentierten Praxis der kirchlichen Turnierächtung widerspricht:[32]

---

[30] Vgl. dazu *Tirant lo Blanc*, S. 215f.: „Aquells que morien sens que no es volien desdir, feien-los procés de màrtirs d'armes; los qui es desdeien, feien-los altre procés de mals cavallers, vençuts e posats en gran deshonor e infàmia, e aquesta pràtica han servada fins a la fi."

[31] Belegstellen S. 213, 216, 256, 265f.

[32] Den im Turnier getöteten Rittern droht sogar der Entzug des kirchlichen Beistands. Aufschlußreich ist das in Riquers Geschichte der katalanischen Literatur zitierte *Libro del Passo Honroso*, das, wie Martorells *Tirant*, einen im Turnier gefallenen Ritter als

> Aprés lo Rei los féu fer una molt bella tomba de lignum àloe, obrada molt artificialment. E sobre la tomba, un bell tabernacle, e féu-hi pintar les armes dels dos reis; e sobre aquestes armes estaven pintades les armes de Tirant, e entorn del tabernacle havia lletres d'or que deien: Ací jaen lo rei d'Apollònia e lo rei de Frisa, germans, qui eren reis coronats, qui moriren com a valentíssims cavallers màrtirs d'armes, per mans d'aquell virtuós cavaller Tirant lo Blanc. (S. 265f.)

Warum müssen die im Turnier besiegten Ritter sterben und warum sind sie dann 'Märtyrer'? Zu denken ist zunächst an eine Hypertrophie der Ritterehre, die, wie der christliche Glaube, als höchstes Gut selbst um den Preis des Lebens nicht verraten werden darf. Diese Entsprechung von Glauben und Ehre öffnet indes den Blick auf ihre tieferliegende Korrespondenz. Dabei ist das mörderische Turnier am englischen Königshof als aristokratischer *potlach* zu begreifen, als Selbstverausgabung also, in der sich Gewinn und ruinöser Verlust entsprechen. Tatsächlich zeigt sich das Turnier als Nullsummenspiel, in dem man zugleich gewinnt und verliert – und zwar auf besondere Weise: der Überlegene erwirbt im Kampf weltliche Ehre, gefährdet zugleich aber sein Seelenheil, denn er steht, auf irdischen Ruhm bedacht, mit einem Fuß in der Hölle, wie es einmal heißt:

> Tots los cavallers qui bé volen usar e seguir les armes e l'estil d'aquelles per haver renom e fama han ésser cruels e tenir cadira en mig d'infern. (S. 215)

Der Unterlegene verliert dagegen wohl seine irdische Existenz, gewinnt dafür aber das ewige Leben, was durch seine feierliche Grablegung ausgedrückt wird. In diesem Sinne wird nun auch deutlich, warum der Besiegte ein 'Märtyrer' ist: Er bezeugt mit seinem Tod den Triumph des ewigen Lebens und der göttlichen Wahrheit und er folgt damit zugleich dem Opfer des Gottessohnes, das die Erlösbarkeit der Welt garantiert. Nicht umsonst verweist der kreuzförmige Griff des Schwerts auf das Kreuz Christi, dem der Ritter nachzufolgen hat: „La cruera", so noch einmal der Graf von Varoic, „significa la vera Creu, en la qual lo nostre Redemptor volgué pendre mort e passió per rembre natura humana. Aixi ho deu fer cascun bon cavaller [...]" (S. 80). Das heißt nichts anderes, als daß sich das Turnier in ein Opferritual verwandelt, in dem der Ritter sein Leben hingibt und sich damit

---

'Märtyrer' bezeichnet, zugleich aber darauf verweist, daß dem gleichen Ritter ein kirchliches Begräbnis verweigert wurde (*Història de la literatura catalana*, S. 584ff.). Zur Ächtung des Turniers seit der Lateranssynode 1215 vgl. allgemein Huizinga, *Herbst des Mittelalters*, S. 107.

in der Nachfolge Christi nicht nur als Streiter um weltliche Ehre, sondern vor allem als wahrer *miles christianus* ausweist. Damit finde ich endlich zu meiner These zurück: Erkennbar wird nämlich, warum die Turniere am englischen Königshof mehr sind als ein Adelsfest: Sie bestätigen den göttlichen Heilsplan und die Erlösbarkeit der Welt; und sie zeigen, daß der christliche Ritter, auch jenseits von Märchen und *aventure*, Werkzeug und Zeuge im Auftrag und im Dienste Gottes ist.

Dieser Befund kann verschieden interpretiert werden. Er läßt sich mit Foucault diskurstheoretisch als Tendenz zu einer konservativen, noch mittelalterlichem Denken verpflichteten Integration der Historie in ein theologisches Modell der Ähnlichkeiten begreifen, das weniger die individuelle Selbstbehauptung, als die rituelle Partizipation an einer Urszene und die Nachfolge eines Vorbildes betont. Zum anderen läßt er sich im Rahmen einer historischen Pathologie des Lesers als Kompensationsstrategie verstehen. Wenn nämlich Martorells Roman den *miles christianus* nicht (nur) zum Sieger, sondern vor allem auch zum Märtyrer stilisiert, dann scheint dies mit der traumatischen Niederlage von 1453, dem Fall von Byzanz, verbunden zu sein – zeigt er doch, wie der Ritter gerade durch Niederlage und Tod den Triumph des ewigen Lebens und den Sieg über die Sünde zum Ausdruck bringt. Die Komplexität von Martorells *Tirant* bestünde dann unter anderem darin, daß die Modellierung seiner Figuren als Opfer die im Roman erzählte Geschichte – also den byzantinischen Sieg über die Türken – dementiert oder zumindest kompensierend interpretiert: Gerade in seinem Untergang tritt die Überlegenheit des Abendlandes hervor. Eine solche Umwertung ist keine Erfindung Martorells; sie hat ein prominentes Vorbild: das Rolandslied.[33] Und sie hat vor allem auch eine glänzende Zukunft, ist doch der Mythos von der *España sagrada* untrennbar mit dem Jahre 1588 und dem Untergang der Armada verbunden.

2. Wider die höfische Liebe

Das zweite Beispiel, das die gegen die novellistische Kontingenz der Welt gerichtete, sinnstiftende Überhöhung des Rittertums belegen soll, wird heiterer sein. Es berührt dabei nicht nur die wirklichkeitsmodellierenden Grundlagen der Novelle – also vor allem die Vorstellung von Geschichte als anarchischer Folge von Unwägbarkeiten –, sondern einzelne Motive der Novellenliteratur selbst, genauer der Schwank-Novelle. Ich beziehe mich

---

[33] Vgl. dazu Ilse Nolting-Hauff, „Zur Psychoanalyse der Heldendichtung: das Rolandslied und die einfache Form 'Sage'", in: *Poetica* 10 (1978), S. 429-468.

auf die Liebesgeschichte, die den von Tirant väterlich betreuten französischen Infanten Felip mit Ricomana, der Tochter des Königs von Sizilien, verbindet, wo unsere Helden auf dem Wege in das maurisch belagerte Rhodos freundliches Gastrecht finden.

Martorells Roman erzählt eine Liebesgeschichte, der tragische Hindernisse fremd sind: die Liebenden sind von gleichem Range, sie dürfen mit der Einwilligung der Väter rechnen und sie begehren sich leidenschaftlich. Wenn Enttäuschungen dennoch unvermeidbar bleiben, dann deshalb, weil die Prinzessin exquisites höfisches Verhalten – die Eleganz des Auftretens und das Raffinement der Sprache, Schlagfertigkeit und Bildung – für unverzichtbar hält, während sie doch zugleich und nicht zu Unrecht ahnt, daß der Mann, den sie liebt, in guter Gesellschaft ein Tölpel ist. Lieber würde sie indes einen niedrigen Stand als schlechte Manieren in Kauf nehmen – „car per mon delit volria home qui fos entès e comportaria ans en estat i en llinatge e que no fos grosser ni avar" (S. 309). Da sich Ricomana für einen praktischen Menschen hält, stellt sie ihren Geliebten mehrfach auf die Probe, um sich ein genaues, auf Erfahrung gründendes Bild von ihm zu machen. Die Prüfungen der Prinzessin bleiben indes trügerisch. Bei einem Festessen, das nur deshalb stattfindet, um Felips Tischmanieren zu beobachten, droht sich der Infant für immer dem Spott des Hofes auszusetzen, weil er sein Brot schon vor der Mahlzeit unschicklich zerstückelt und mit Öl beträufelt – eine Unsitte, die bereits die *Disciplina clericalis* rügt.[34] Tirant vermag jedoch in letzter Not eine hilfreiche, für seinen Schützling ehrenvolle Ausrede zu erfinden, die die Prinzessin erneut in Unsicherheit stürzt (Kap. 101). Auch eine zweite Prüfung – ein Jagdausritt bei strömendem Regen – verliert durch die Einmischungen Tirants an Eindeutigkeit (Kap. 109). Ricomana lädt deshalb einen Philosophen an ihren Hof, der Felips Charakter sofort durchschaut. Wohl sei Felip ein kühner Kämpfer – „home animós e valentíssim de sa persona e molt venturós en armes" (S. 352) – und wohl würde er einmal König werden, doch sei er nicht der Mann, den sich die Prinzessin wünscht:

> Senyora, lo galant que la senyoria vostra m'ha fet veure porta l'escrit en lo front de molt ignorant home e avar. E dar-vos ha a sentir moltes congoixes. (S. 352)

Die Prinzessin zieht es vor, dem Philosophen nicht zu glauben, und inszeniert deshalb eine letzte eigene Probe, auf die ich nun ausführlicher eingehe

---

[34] „Du sollst kein Brot essen, bevor die anderen Gerichte auf den Tisch kommen, damit du nicht als unbeherrscht giltst." Petrus Alfonsi, *Die Kunst, vernünftig zu leben (disciplina clericalis)*, übers. von Eberhard Hermes, Zürich / Stuttgart 1970, S. 200f.

(Kap. 110). Im Schlafzimmer Felips befindet sich bereits das reich geschmückte Himmelbett der kommenden Hochzeitsnacht und daneben sein schlichteres Modell, an dem die Handwerker Maß genommen hatten. Wird Felip im prunkvollen Bett schlafen, so die Vorstellung der Prinzessin, zeigt er sich als wahrer Königssohn; nächtigt er jedoch in der bescheidenen Schlafstatt, könnte sie ihn nie als Mann akzeptieren. Natürlich wählt Felip die kleinere Variante, weil sie bequemer ist. Vor dem Schlafen bemerkt er allerdings, daß er sich beim Tanz die Hosen aufgerissen hat und möchte sie – weil er gerade in dieser Situation Publikum scheut – selber nähen. Es beginnt eine peinliche Prozedur. Felip stochert in den juckenden Pusteln und Quaddeln seiner Krätze herum. Dann verliert er das Nähzeug in dem kleineren Bett, das er bei der Suche völlig verwüstet. Er wirft sich deshalb, weil er gar keine andere Wahl mehr hat, in das prunkvolle Brautbett – zur größten Zufriedenheit der spionierenden Prinzessin, denn damit hat er bewiesen, daß er der Sohn eines Königs ist – „que és fill de rei" (S. 354).

Ohne Zweifel ist hier, wie auch bei der Liebesgeschichte von Tirant und Carmesina oder der von Diafebus und Estefania, ein ironischer Erzähler am Werk, dem parodistische Absichten unschwer zu unterstellen sind.[35] Nur scheint dabei der völlige Mangel an höfischer Affektdisziplin und die unzensierte Betonung von „Schönheit und Liebesgenuß",[36] die Martorells Liebende als leidenschaftsgetriebene Opfer Amors auszeichnen, allein noch kein Ironie- oder Parodiesignal zu sein. Die ungezügelte Triebhaftigkeit der Martorellschen Helden zitiert nämlich das auch in Spanien vertraute Affektmodell, das die Helden der 'antikisierenden' Romane und mit ihnen Tristan und Lancelot vertreten und von dem all jene Kunstwerke zeugen, die die erste Begegnung von Tirant und Carmesina geradezu programmatisch begleiten:

---

[35] Zur parodistisch oder satirisch gebrochenen Modellierung der Ritterliebe vgl. Justina Ruiz de Conde, *El amor y el matrimonio secreto en los libros de caballerías*, Madrid 1948, S. 148 u.a.; Frank Pierce, „The Role of Sex in the *Tirant lo Blanc*", in: *Estudis Romànics* 10 (1962), S. 291-300; Helmut A. Hatzfeld, „La décadence de l'amour courtois dans le *Saintré*, l'*Amadís* et le *Tirant lo Blanc*", in: *Mélanges de Littérature du Moyen Age au XXe siècle offerts à Mademoiselle Jeanne Lods*, Bd. 1, Paris 1978, S. 339-350; Kathleen Mc Nerney, „Humor in Tirant lo Blanc", in: *Fifteenth Century Studies* 3, hg. von Guy R. Mermier und Edelgard Du Bruck, Ann Arbor 1980, S. 107-114; Riquer, *Història de la literatura catalana*, S. 712-716; Schönberger, „*Tirant lo Blanch* (1490) und *Curial e Güelfa* (ca. 1450): Formen ritterlicher Liebe im späten katalanischen Mittelalter", S. 179f.; S. 192-206, 228-239, 244-248.

[36] Schönberger, „*Tirant lo Blanch* (1490) und *Curial e Güelfa* (ca. 1450): Formen ritterlicher Liebe im späten katalanischen Mittelalter", S. 236.

> L'Emperador pres per la mà a sa filla Carmesina e tragué-la fora de aquella cambra. E lo Capità pres del braç a l'Emperadriu e entraren en una altra cambra molt ben emparamentada e tota a l'entorn hestoriada de les sigüents amors: de Floris e de Blanxesflors, de Tisbe e de Píramus, d'Eneas y de Dido, de Tristany e d'Isolda, e de la reina Ginebra e de Lançalot, e de molts altres, que totes llurs amors de molt sotil e artificial pintura eren divisades. (S. 374f.)

Mit diesem wohl kaum parodistisch intendierten Abrufen einer literarischen Tradition wird auch die Frage legitim, ob Martorells despektierliche Behandlung Felips tatsächlich auf eine Degradierung des Ritters und seiner Liebe zielt. Betrachten wir dazu das Verhalten des Königssohns und der Prinzessin genauer. In ihrer Liebesgeschichte kommen zwei interferierende, jeweils stark ironisierte Gattungsschemata zum Ausdruck. Da ist zunächst einmal das Schema des Brautwerbungsmärchens und der Freierprobe, das schon deshalb ironisch verzerrt wird, weil die von der Prinzessin gestellten schweren Aufgaben bar jeder Schwierigkeit und ohne jeden Zauber sind – und weil sie der Held dennoch nicht besteht. Deutlich wird allerdings auch, daß Ricomanas Versuche gerade an den Qualitäten des loyalen und mutigen Ritters vorbeigehen, der Felip ohne Zweifel ist. Und da ist zum zweiten der auch aus der Novelle bekannte Schwank, also der Kampf des Listigen und des Dummen, genauer der listigen Frau und des dummen Mannes, der bei Martorell zwar noch nicht Ehemann, aber schon für das Tragen von Hörnern prädestiniert ist. Auch hier werden jedoch die Wertungen ironisch verkehrt, denn es ist zuletzt die scheinbar Kluge und Listige, die Prinzessin also, die mit all ihren Experimenten unfreiwillig in die eigene Falle tappt. Sie heiratet den Mann, den sie liebt, den sie aber aufgrund ihrer Prüfungen niemals heiraten dürfte. Was bedeutet diese Ironisierung? Sie trifft, so scheint es, auf der einen Seite die von Ricomana blind und unvernünftig behauptete Ausschließlichkeit der Regeln höfischer Eleganz, die sicher ihren eigenen, nicht zuletzt von Tirant bezeugten Wert besitzen, doch den Vergleich mit den Qualitäten des *miles christianus* nicht aushalten: Felip mag am Hofe ungeschickt sein, doch ist er ohne Zweifel auch ein brauchbarer Stratege, ein fähiger Ritter und später ein guter König. Dies erklärt, zumindest hypothetisch, warum Martorell die Affektdämpfung der höfischen Liebeslehre gering einschätzt: da der Ritter nicht unbedingt Hofmann ist, wird auch seine Liebe nicht die des „cortegiano" sein. Damit ist indes nur ein Aspekt getroffen. Abgewertet werden von Martorell auf der anderen Seite auch die unbrauchbaren Liebesproben der Prinzessin, d.h. das empirische Beobachten und Messen, das rationale Kalkül, das Experiment, das den Platz der *ruse* einnimmt, aber jämmerlich scheitert. Was mit diesem Scheitern vernichtet wird, ist nicht nur die aus der misogynen Perspektive des Romans stets fragwürdige Seriosität der Frau, sondern mit ihr das kontingente Wirklichkeitsverständnis, das seit Boccaccio die Novelle prägt. Während die List der Frau im mittelalterlichen Schwank, wie es bei Neuschäfer heißt, „nur einen momentanen Ausweg aus einer Notlage zu finden weiß, erhält das Ingenium der Novelle den Aspekt intelligenter Voraussicht, die durchaus als menschliches Analogon zur göttlichen Providenz bezeichnet zu werden verdient."[37] Mit anderen Worten, es ist das Ingenium der Frau, das in der frühneuzeitlichen Novelle die aus den Fugen ihrer mittelalterlichen Ordnung geratene Welt ergründet und voraussehend nach eigenen Interessen gestaltet. Und es ist genau diese Anmaßung, die mit den lächerlichen Experimenten der Prinzessin zugrunde geht. Die Geheimnisse des göttlichen Heilsplanes, die das Sein der Welt bestimmen, sind dem begrenzten menschlichen Verstehen unerreichbar, es sei denn, sie wollten sich selber offenbaren, wie in jenem überzeitlichen Wissen, das die Ritterlehren Varoics verkünden. Damit offenbart sich nun auch von der Seite des Schwanks her die konservative Interpretation des Rittertums: das Rittertum kann der höfischen Welt fremd und doch überlegen sein; vor allem aber entzieht es sich der kontingenten – und in der Kontingenz oft auch komischen – Welt der Novelle, weil mit ihm Werte verbunden sind, die von der zufälligen Einmaligkeit der jeweiligen Handlungssituation nicht affiziert werden, sich also außerhalb der menschlichen Geschichte befinden.

3. Der Ritter als Schneider oder die Lockerung des aristokratischen *llinatge*

Man mag gegen eine solche Interpretation einwenden, sie berücksichtige die komisch-parodistische oder satirische Überzeichnung der Liebenden zu wenig. Zu den merkwürdigsten und zugleich komischsten, jegliche Leservoraussicht sprengenden Zügen der Felip-Ricomana-Geschichte gehört ohne Zweifel die fragwürdige Schneiderkunst des Infanten, der sich seine Hosen selber flicken möchte. Der Gedanke an eine karnevaleske Familiarisierung oder satirische Trivialisierung des adeligen Standesethos drängt sich hier geradezu auf, doch scheint die Botschaft des Romans auch in diesem Fall über die bloße Parodie hinauszugehen. Eine solche Annahme stützt sich auf die verschiedenen, eben auch durch den Königssohn als Flickschneider repräsentierten Formen der Mesalliance, die in der Felip-Ricomana-Geschichte eine rekurrente Rolle spielen. Hier ist noch einmal auf den Philosophen zurückzukommen, den Ricomana aus Kalabrien herbeiruft, um die Wahrheit

---

[37] Neuschäfer, *Boccaccio und der Beginn der Novelle*, S. 24.

über Felips Charakter zu erfahren (Kap. 110). Dieser Philosoph diskreditiert sich zwar gleich bei seiner Ankunft, weil er in der Küche seiner Herberge völlig unbeherrscht einen ihm entgegentretenden Grobian mit dem Bratspieß erschlägt, doch verfügt er zugleich über ein unerschöpfliches Wissen, das durch die prompte Erfüllung seiner Prognosen stets als richtig und wahr bestätigt wird. So sieht er voraus, wann ein eingesperrter Ritter seine Freiheit erlangt; er erkennt sofort, warum ein stattliches Pferd seine Ohren ungebührlich und preismindernd hängen läßt; und er durchschaut die Wertlosigkeit eines prachtvollen Edelsteines, in dem ein verborgener Wurm haust. Von einer solchen Mesalliance – denn das Pferd hatte Eselsmilch getrunken, während sich der Stein mit dem Wurm kompromittiert – zeugt endlich auch die Person des Königs selber, dem der Philosoph furchtlos erklärt, er sei der Sproß eines Bäckers, ein zu Unrecht herrschender Bastard also. Auch dies ist die lautere Wahrheit, denn die beschämte Königsmutter gesteht ihre Schuld – „com ella consentí a l'apetit e voluntat del fornero dins en la ciutat de Ríjols" (S. 351). Wenn der König von Sizilien aber einem Bäckerladen entstammt, dann mag der französische Felip durchaus der Sohn eines Schneiders sein. Dafür spricht die Meinung der sich stets irrenden Ricomana, denn wenn sie zufrieden feststellt, daß Felip altem Adel entstammt – „com la sua generació sia molt noble, excellent e molt antiga" (S. 354) –, dann kann der Leser fast vom Gegenteil überzeugt sein. Und möglicherweise hat es wirklich seinen Grund, wenn Felip das unstandesgemäße Bett dem prunkvollen Hochzeitslager vorzieht. Dennoch sind beide – der sizilianische König und der französische Infant – tadellose Ritter, die mit großem Glanz, Erfolg und weltweiter Anerkennung Kreuzzüge gegen die Heiden führen. Beide vereinen also ohne jeden ironischen Kommentar den Bastard und den Ritter in einer Person.

Wie ist eine solche Spaltung der Figuren zu erklären, wenn man willkürliche oder bewußt paradoxe Erzählstrategien ausschließt? Auch hier scheint die Erinnerung an Varoics Ritterlehren, vor allem an seine Erläuterungen zum ruhmreichen Beginn des Rittertums, hilfreich zu sein. Als die Welt, so Varoic, in ihren Anfängen in böse Unordnung geraten war, wurden die Menschen, um erneut der Gerechtigkeit zur Geltung zu verhelfen, nach Tausenden gezählt und aus jeder Tausendschaft der jeweils Beste als Führer ausgewählt:

> E per aquesta causa, de tot lo poble foren fets milenars, e de cascun miler fon elet un home més amable e de més afabilitat, més savi, més lleal, e més fort, e ab més noble ànimo, ab més virtuts et bones costumes que tots los altres. (S. 173)

Mit diesem Besten von jeweils Tausend ist – wie schon die Etymologie zu erkennen gibt – der Ritter (*miles*) gemeint, den Varoic auch für die Gegenwart ausschließlich über einen elitären Tugendbegriff definiert – „cavallero deu tenir virtuts que a altre home no pertanyen" (S. 174). Eine solche Charakterisierung dient der aristokratischen Standeslegitimation, doch zeigt sie auch, daß Martorell dazu tendiert, den „noble offici" des Ritters (S. 174) als Adelsprädikat konkurrenzfähig neben oder vielleicht sogar über den Rang der Geburt und die Hierarchien des „llinatge" zu stellen. Varoic drückt diesen Gedankengang wenig später noch deutlicher aus:

> Lo cavaller fonc fet en lo principi per mantenir llealtat e dretura sobre totes coses, eno penses que lo cavaller sia de més alt llinatge eixit que los altres, com tots naturalment siam eixits d'un pare e d'una mare. (S. 175)

Was sich mit Varoics Worten also vorsichtig abzeichnet, ist jene schon von Burckhardt beschriebene, für die frühe Neuzeit charakteristische Abwertung alter Adelshierarchien und des aristokratischen „llinatge" zugunsten dynastisch illegitimer Herrschaften,[38] die die Risse in der Adelsgesellschaft mit dem Gedanken einer verbindenden „orde de cavalleria" und einer gemeinsamen Ethik der christlichen Ritterlichkeit zu überbrücken suchen. Bezeugt wird eine solche Entwicklung zunächst durch Varoic selber, der, obwohl dynastisch nicht legitimiert, zum englischen Interimskönig ausgerufen wird. Sie kommt in den von Martorell geschilderten Turnieren zum Ausdruck, in denen regierende Monarchen ohne Rücksicht auf die ganz anderen Regeln der Lebenswelt gegen jedweden Gegner antreten, wenn er nur Ritter ist. Und sie zeigt sich schließlich darin, daß sich Tirant als unbedeutender bretonischer Adeliger gegen alle Gesetze der Erbfolge allein aufgrund seiner ritterlichen Überlegenheit den Anspruch auf den Thron von Konstantinopel sichert, während Hipòlit nach dem Tode Tirants, Carmesinas und des „Emperador" tatsächlich vom einfachen Knappen zum Herrscher avanziert, indem er die Kaiserwitwe heiratet. In diesem Sinne scheint denn auch die gespaltene Figur des sizilianischen Königs völlig unabhängig von realistischer Darstellung und psychologischer Motivierung die Trennung von „cavalleria" und Geburtsadel anzuzeigen. Und ebensowenig büßt Felip – um endlich wieder auf ihn zurückzukommen – seine ritterlichen Qualitäten nur deshalb ein, weil die Nähkunst einen Schatten auf seine Herkunft wirft. Dieser Befund bestätigt die Rolle, die das Rittertum in Martorells Roman spielt. Deutlich wird nämlich, daß die Liebesgeschichte von Felip und Ricomana unter ihrer komischen Oberfläche Oppositionen freisetzt, die

---

[38] Vgl. dazu grundlegend Burckhardt, *Die Kultur der Renaissance in Italien*, S. 7-47.

das Rittertum als besonderen Raum ausdifferenzieren: Es steht in Gegensatz zum Raffinement und zu den Prestigehierarchien der höfischen Gesellschaft, zur Kontingenz des novellistischen Wirklichkeitsmodells und, wie nun erkennbar wird, auch zu den Ansprüchen der aristokratischen Geburt und des adeligen „llinatge". Die Bedeutung der Felip-Ricomana-Episode läge in diesem Sinne weniger in einer positiven Qualifizierung des Ritters als in der Ausgrenzung all dessen, was er nicht sein soll, d.h. vor allem in seiner Loslösung von allen weltlichen Interessen und Verstrickungen als Voraussetzung für die wahre *militia Christi*.

Allerdings macht die Liebesgeschichte auch deutlich, wie prekär eine solche Loslösung ist. Da Martorell vermeidet, seine Helden, wie Montalvo den Amadís, im Namen der Providenz von Feen, Zauberern und anderen magischen Helfern leiten zu lassen, verdanken Felip, der König von Sizilien und mit ihnen Tirant ihren ritterlichen Rang und ihre Machtvollkommenheit vor allem der eigenen Kompetenz, also einer allein auf sich selbst beruhenden Handlungsmächtigkeit, die von den Intrigen des Hofes, den Launen des Zufalls und den willkürlichen Vorrechten der Geburt unberührt bleibt. Martorells Helden propagieren damit weniger eine märchenhafte „Ethik des Geschehens" als eine ritterliche „Ethik des Handelns",[39] die in der stets partikularen Auseinandersetzung mit dem jeweiligen historischen Augenblick die Initiative und die Tatkraft des einzelnen Menschen entfesselt. In diesem Sinne führt auch und gerade die Felip-Ricomana-Geschichte mit der expliziten, wenn auch komisch verkleideten Trennung von „llinatge" und „cavalleria" zu den Antagonismen von Martorells Roman zurück: zur *militia Christi* und zur Handlungsautonomie des frühneuzeitlichen *homo faber*, der über alle dynastischen Grenzen hinweg seinen eigenen, 'illegitimen' Aufstieg verfolgt. Der Ritter ist im Begriff, sich in die Gestalt des *caudillo*, des *condottiere*, des Söldnerführers zu verwandeln.

4. Tirants Tod und seine Interpretation im „escrutinio" des *Don Quijote*

Es ist deutlich geworden, daß Martorells Roman die Bewährungen des Menschen in einer in Unordnung geratenen Welt durch ihre Einbettung in eine konservative, auf dem Gedanken der mittelalterlichen *militia Christi* gründenden Ethik der Ritterlichkeit zu legitimieren und heilsgeschichtlich zu interpretieren sucht. Und es wurde ebenso erkennbar, daß eine solche Legiti-

---

[39] Ich berufe mich mit diesen Begriffen hier auf Jauss, „Epos und Roman – eine vergleichende Betrachtung an Texten des 12. Jahrhunderts".

mität brüchig bleibt, wenn die *militia Christi* zugleich auch die Entgrenzung partikularer Interessen deckt. Aufschlußreich ist deshalb, daß das Ende des Romans auf den Anfang der erzählten Geschichte, also auf das Programm einer ritterlichen *militia Christi* zurückverweist, indem es den prosaischen Tod des Helden als christliches Sterben interpretiert. Der Unterschied zwischen Tirants Tod und dem trivialen Tod der essenden und schlafenden Ritter, den Cervantes' „escrutinio" evoziert, ist dabei erheblich: „[...] aquí comen los caballeros, y duermen y mueren en sus camas, y hacen testamento antes de su muerte, con estas cosas de que todos los demás libros deste género carecen", heißt es im *Don Quijote*. Ganz anders Tirant. Martorells Held stirbt wohl in seinem Bett an einer banalen Krankheit, doch erhebt er sich dabei weit über die alltägliche Wirklichkeit der Welt hinaus, die den Literaturkritikern im *Don Quijote* und ihren Nachfolgern so sehr gefällt.[40] Tirants Tod ist ohne Zweifel der Tod eines Heiligen:

> E dites aquestes palaures, ell rebé ab moltes llàgremes lo cos preciós de Jesucrist, que tots los qui en la cambra eren deien que aquest no demostrava ésser cavaller, mas un sant home religiós, per les moltes oracions que dix davant lo Corpus. (S. 1148)

Zugleich bleibt Tirant der triumphale Sieger über die Heiden, der designierte Nachfolger des Kaisers, der junge „Cèsar", der mit dem größten denkbaren Prunk bestattet wird:

> Aprés que l'hagueren embalsemat, vestiren-li un gipó de brocat e una ropa d'estat de brocat forrada de marts gebelins; e aixi el portaren a l'església major de la ciutat, ço és, de Santa Sofia. Aquí li fon fet un cadafal molt alt e gran, tot cobert de brocat, e sobre lo cadafal, un gran llit de parament molt noblement emparamentat de draps d'or ab son bell cortinatge del drap mateix; e aquí posaren lo cos de Tirant, sobre lo llit, gitat, ab espasa cenyida. (S. 1152)

In der Pose des triumphierenden Heiligen weist der tote Tirant auf die Gestalt Varoics und auf seine Ritterlehre zurück, zugleich aber auch auf die triumphalen Grablegungen, die die Turniere am englischen Königshof beenden: Wie Varoic ist Tirant Ritter, Herrscher und Heiliger zugleich; und wie die als Märtyrer der christlichen „cavalleria" gefallenen Ritter werden ihm die höchsten weltlichen und kirchlichen Ehren zuteil. Tirants Tod wird in diesem Sinne zu einem letzten, entscheidenden Indiz, wie Martorell den

---

[40] Riquer glaubt denn auch, gegen alle Daten des Textes, den Tod Tirants mit dem Don Quijotes vergleichen zu können; vgl. Riquer, *Tirante el Blanco*, S. LVII.

„double bind" seines Romans aufzulösen gedenkt: Wenn er das Faszinosum einer aus der göttlichen Vorsehung entlassenen Wirklichkeit darstellt, in der allein die beunruhigend erregende Tatkraft überragender Menschen der Kontingenz der Welt Herr zu werden vermag, so doch tatsächlich nur, um sie ein weiteres Mal der heilsgewissen Ordnung des Ritters zu unterwerfen, der sein Selbstverständnis auf die Nachfolge Christi und die Opferbereitschaft des „miles christianus" gründet. Mit anderen Worten, Tirant darf nicht Kaiser werden, damit er nach dem Vorbild Varoics, der freiwillig der Welt entsagt, ganz und gar der irdischen Wirklichkeit entrissen wird.[41] Dies kann nun vielleicht auch erklären, warum sich die zwischen Polemik und Lob schwankenden Literaturkritiker des *Don Quijote* zugleich für und gegen Martorells Roman und seinen Autor aussprechen. Martorells Roman zeugt, wie Cervantes' *Don Quijote*, von der überwältigenden Vielgestalt und Freiheit der irdischen Welt, die er dann dennoch in eine transzendente Verankerung zurückzuführen sucht. Wohl sterben seine Ritter in ihren Betten, doch sterben sie als Heilige und Herren der Christenheit. In diesem Sinne scheinen auch die selbsternannten Zensoren des „escrutinio" zu ahnen, daß sich hinter den Geschicken Tirants weniger die realistische „novela caballeresca" als der phantastische Anspruch der „libros de caballería" verbirgt: wenn Tirant einem Vorbild ähnelt, dann nicht dem Don Quijote, sondern Lancelot und Amadís.

---

[41] Vgl. dazu besonders den Beginn des 467. Kapitels (S. 1145); dort wird unmißverständlich expliziert, daß die Jagd nach Reichtum und irdischem Ruhm – „grans delits e prosperitats" – das Seelenheil gefährdet.

Maren Schmidt-von Essen

Pietro Bembo und Spanien: Ein Beispiel italienisch-spanischer Wechselbeziehungen im Cinquecento

Geltungs- und Vormachtansprüche unterschiedlichster Art kennzeichnen gerade im 16. Jahrhundert auf besondere Weise die italienisch-spanischen Beziehungen. Das Bild von Spanien als Nationalstaat, Entdeckernation und Weltmacht einerseits sowie die weitgehend anerkannte Vorrangstellung des italienischen Kulturraums als Land des Humanismus, der Künste, einer das überkommene Gattungsgefüge wegweisend bereichernden Literatur und einer in ihrer Ausprägung die europäischen Nachbarn übertreffenden Diplomatie andererseits sind die Fixpunkte der jeweiligen Selbsteinschätzung und wechselseitigen Bewertung. Intensität und Bedeutung des Dialogs zwischen italienischer und spanischer Kultur haben bekanntlich zu einer kaum noch überschaubaren Forschungsliteratur geführt, die, zumeist von verschiedenen literarischen Gattungen und Strömungen oder einzelnen spanischen und italienischen Autoren ausgehend, dieses überaus komplexe Wechselverhältnis näher zu bestimmen versucht.[1] Dabei ist auffallend, wie vergleichsweise oft es sich in diesem Zusammenhang als notwendig erweist, gewonnene Einsichten zu modifizieren oder sogar grundlegend zu revidieren. Angesichts der engen stofflichen und formalen Verflechtung der spanischen und italienischen Literatur seit dem Mittelalter und aufgrund des Nebeneinanders von gedruckten Werken und undatierten, heute vielfach nicht mehr identifizierbaren Handschriften ergeben sich besondere Schwierigkeiten vor allem bei der Einschätzung der Chronologie von Einflüssen und unmittelbaren intertextuellen Bezügen.

---

[1] Wegweisend auf dem Gebiet vergleichender Literatur- und Sprachwissenschaft haben insbesondere verschiedene Studien von Philarète Chasles, Benedetto Croce, Juan Luis Estelrich und Arturo Farinelli gewirkt. Über die im Rahmen der vorliegenden Untersuchung erwähnte kritische Literatur hinaus sei auf die von Joseph Siracusa und Joseph L. Laurenti herausgegebene Bibliographie *Relaciones literarias entre España e Italia: ensayo de una bibliografía de literatura comparada*, Boston 1972, verwiesen. Unter den umfassenderen Darstellungen und Sammelbänden neueren Datums sind v.a. zu erwähnen: Joaquín Arce: *Literaturas Italiana y Española frente a frente*, Madrid 1982; Jesús Helî Hernández (Hg.), *Italo-Hispanic Literary Relations*, Potomac, Md. 1989; Brigitte Winklehner (Hg.), *Italienisch-europäische Literaturbeziehungen im Zeitalter des Barock*, Tübingen 1991; Giuseppe Bellini, *Storia delle relazioni letterarie tra l'Italia e l'America di lingua spagnola*, Mailand ²1982.

Ein anschauliches Beispiel sowohl für die Komplexität der spanisch-italienischen Wechselbeziehungen im Cinquecento als auch für die Besonderheit der Probleme, vor die sich die Forschung in diesem Zusammenhang immer wieder gestellt sieht, ist der Venezianer Pietro Bembo, dessen zeittypisches und zugleich unverwechselbar individuelles Verhältnis zu Spanien bislang fast nur in Detailstudien behandelt wurde. Vor dem Hintergrund der politischen und dynastischen Verhältnisse seiner Zeit und des kontinuierlichen Austauschs zwischen spanischer und italienischer Literatur sind Bembos Berührungen und Kontakte mit Spanien naturgemäß mehrschichtig. Sie betreffen den Venezianer, den kirchlichen Diplomaten und Angehörigen des Johanniterordens ebenso wie den dichterisch herausragenden Höfling, den Humanisten, den Historiker und Geographen und sollen im folgenden aus zwei verschiedenen Blickwinkeln vorgestellt werden: Der erste Teil der vorliegenden Untersuchung widmet sich der Rezeption und Bewertung der Kultur Spaniens durch den Dichter, Politiker, Historiker und Geographen Bembo, während der zweite Teil Bembos eigene Rezeption in Spanien, vornehmlich als petrarkisierender Dichter, Vertreter der neuplatonischen Liebesphilosophie sowie als Literatur- und Sprachtheoretiker, zum Gegenstand hat.

Man kann davon ausgehen, daß Bembo, wie viele seiner italienischen Zeitgenossen, bereits in seiner Jugend – so 1492-1494 während seiner Studienjahre im sizilianischen, d.h. dem Haus Aragón unterstehenden Messina – im persönlichen Umgang mit Spaniern unmittelbare Kenntnisse der spanischen Sprache und Kultur erworben hat. Nach seiner eigenen Aussage in den fiktional im Dezember des Jahres 1502 situierten *Prose della volgar lingua* (I,13) war das Spanische am und durch den Hof des spanischstämmigen Papstes Alexander VI. Borgia (1492-1503) zur Modesprache[2] der Oberschicht geworden. Wie die in einer Handschrift der Biblioteca Ambrosiana erhaltenen

---

[2] „Perciò che poi che le Spagne a servire il loro pontefice a Roma i loro popoli mandati aveano, e Valenza il colle Vaticano occupato avea, a' nostri uomini e alle nostre donne oggimai altre voci, altri accenti avere in bocca non piaceva, che spagniuoli" (Pietro Bembo, *Prose della volgar lingua. Gli Asolani. Rime,* hg. von Carlo Dionisotti, Mailand, TEA, ²1993, S. 109). Es sei darauf hingewiesen, daß diese Textstelle vielfach losgelöst von ihrem Kontext nur in verkürzender Interpretation als Beleg für die „Spanisch-Mode" im Italien des Cinquecento zitiert wird. Tatsächlich geht es Bembo jedoch um eine Bestätigung für seine These von der kontinuierlichen Veränderlichkeit höfischen Sprachgebrauchs. Die aktuelle Vorliebe des römischen Hofes für die spanische Sprache steht dabei für ihn unmittelbar in Beziehung zur Nationalität des aus Valencia stammenden Borgia-Papstes; unter dem Pontifikat beispielsweise eines französischen Papstes sei mit einer entsprechenden Bedeutung des Französischen zu rechnen. – Zur Bedeutung des Spanischen im Italien des 16. Jahrhunderts vgl. auch Gian Luigi Beccaria, *Spagnolo e Spagnoli in Italia. Riflessi sulla lingua italiana del Cinque e del Seicento,* Turin 1968.

"spanischen Verse" von Pietro Bembo und Lucrezia Borgia belegen,[3] kam auch für Bembo selbst der spanischen Sprache als spielerischem Beiwerk höfischer Geselligkeit im Rahmen seiner Beziehung zur Herzogin von Ferrara zentrale Bedeutung zu. Lucrezia Borgia, von Bembo in einem lateinischen Epigramm[4] zur Tochter des Tajo stilisiert, pflegte die spanische Herkunft ihrer Familie zu betonen und war wohl, wie noch die hispanisierende Graphie ihrer frühen italienischen Briefe[5] sowie zwei Schreiben in spanischer Sprache[6] vermuten lassen, mit dem Spanischen mindestens so vertraut wie mit dem Italienischen. Mehrfach erhielt Bembo von ihr im Sommer 1503 spanische Verse, so die im *Codice ambrosiano* enthaltene Copla *Yo pienso si me muriese*,[7] das nur brieflich erwähnte *Crió el cielo y el mundo Dios*[8] sowie das Sprichwort *Mas quien quiere matar perro, siempre lauia le leuanta.*[9]

Bembo seinerseits versuchte sich in der – nach eigenem Empfinden nicht befriedigenden – Übersetzung von *Crió el cielo*[10] und zeichnete zwölf teilweise in Varianten vorliegende Gedichtstrophen in spanischer Sprache auf. Bei diesen seit der 'Entdeckung' durch Muratori[11] wiederholt edierten[12] und viel-

---

[3] Biblioteca Ambrosiana, Mailand, S.P. II. 100, f. 9 r, 11-13 (früher unter der Signatur - Cod. H. 246. inf.).

[4] Pietro Bembo, *Carmina*, Turin (RES) 1990, S. 51 („Armilla aurea Lucretiae Borgiae Ferrariae Ducis in serpentis effigiem formata").

[5] Vgl. Pietro Bembo / Lucrezia Borgia, *La grande fiamma. Lettere 1503-1517,* hg. von Giulia Raboni, Mailand (Rosellina Archinto) 1989, S. 80 (Nr. 2) u. S. 82 (Nr. 4).

[6] Ebd., S. 79 (Nr. 1) u. S. 81 (Nr. 3). – Briefe in spanischer Sprache erhielt Bembo später auch von Pietro di Toledo (Pedro de Toledo, marqués de Villafranca, 1484-1553), dem spanischen Vizekönig von Neapel. Vgl. *Lettere da diversi re e principi e cardinali e altri uomini dotti a Mons. Pietro Bembo scritte* (Ristampa anastatica dell'ed. Sansovino, 1560), hg. von Daria Perocco, Sala Bolognese, Arnaldo Forni, 1985, I,8/Bl. 4 (31.1.1540) u. I,10/Bl. 5 (14.11.1542).

[7] Vgl. Bembo, *Lettere*, hg. von Ernesto Travi, Bd. 1, Bologna (Commissione per i testi di lingua) 1987, S. 144 (Nr. 151).

[8] Vgl. ebd., S. 163 (Nr. 173).

[9] Vgl. ebd., S. 162 (Nr. 172).

[10] Ebd., S. 163 (Nr. 173).

[11] Lodovico Antonio Muratori, *Della perfetta poesia italiana* [1724], hg. von Ada Ruschioni, Bd. 1, Mailand (Marzorati) 1971, S. 393-396. Seine Ausführungen belegt Muratori mit Zitaten der spanischen Verse und ihrer italienischen Übersetzung.

[12] Abgesehen von der erwähnten Teiledition durch Muratori vgl. Bembo, *Opere del Cardinale Pietro Bembo*, hg. von Anton Federigo Seghezzi, Bd. 1, Venedig (Hertzhauser) 1729 (ND Ridgewood, N. J. 1965), S. 54-55 (*Rime*); Emilio Teza, „Versi spagnuoli di Pietro Bembo. Ristampati sull'autografo", in: *Giornale di filologia romanza* 4 (Roma 1881/83, ND 1962), S. 73-77; Pio Rajna, „I versi spagnuoli di mano di Pietro Bembo e di Lucrezia Borgia serbati da un codice ambrosiano", in: *Homenaje ofrecido a Menéndez Pidal. Miscelánea de estudios lingüísticos, literarios y históricos*, Bd. 2, Madrid 1925, S. 299-321.

fach kommentierten[13] 'spanischen Verse' Bembos und Lucrezias handelt es sich jedoch, wie bereits Ende des vergangenen Jahrhunderts Carolina Michaëlis de Vasconcellos mit ihren durch Emilio Teza[14] referierten und von Pio Rajna[15] bestätigten Untersuchungen nachweisen konnte, im wesentlichen um Abschriften aus vermutlich in Italien kursierenden Manuskripten verschiedener spanischer Cancioneros. Demnach entspricht Lucrezias *Yo pienso si me muriese* der fünften Copla von *Si mis tristes pensamientos* aus dem *Cancionero de Estúñiga* (1458). Ob Bembo die Herzogin selbst für die Verfasserin hielt, läßt sich nicht mehr eindeutig feststellen. Seine eigenen spanischen Notizen aus dem Jahr 1503 entstammen größtenteils dem erst 1511 gedruckten, aber wohl bereits durch Manuskripte einzelner Teile bekannten *Cancionero general* (*Cancionero del Castillo*). Als von ihm verkürzt oder auch vollständig übernommene Vorlagen haben Bembo nachweisbar Gedichte und Glosas von Cartagena, Juan de Tapía, Juan Álvarez Gato, Diego López de Haro, Hernán Mexía und möglicherweise Jorge Manrique gedient. Bei den nicht identifizierbaren übrigen Versen Bembos kann man mit gutem Recht spanische Anregungen vermuten, wenngleich sein Umgang mit den Versatzstücken spanischer Lyrik eine gewisse Souveränität verrät. So wirkt der erst nach Erprobung zahlreicher Varianten wohl selbständig zusammengesetzte Vierzeiler *Tan biuo es mi padesçer* ebenso authentisch spanisch wie die nachweislich aus spanischen Manuskripten übernommenen Verse. Entsprechend

---

[13] Vgl. u.a. Baldassare Oltrocchi, „Dissertazione sopra i primi amori di Pietro Bembo [1757]", in: *Nuova Raccolta d'opuscoli scientifici e filologici del Calogerà*, Vol. I, Bd. 4, Venedig 1758, S.I-XXXII; Bernardo Gatti, *Lettere di Lucrezia Borgia a messer Pietro Bembo dagli Autografi conservati in un Codice della Biblioteca ambrosiana*, Mailand 1859; Teza, „Versi spagnuoli di Pietro Bembo"; ders., „Otium Senese. Lettere a Giosuè Carducci", in: *Rivista critica della letteratura italiana* II,2 (1885) Sp. 61-63; Bernardo Morsolin, „Pietro Bembo e Lucrezia Borgia", in: *Nuova Antologia* 82 (1885) S. 388-422; Paolo Savj-Lopez, „Note sul Bembo", in: *Il Propugnatore* XXVI, n.s. VI,1 (1893) S. 291-294; Benedetto Croce, *La Spagna nella vita italiana durante la Rinascenza*, Bari 1917, S. 84, 153-154 (Anm. 5); Rajna, „I versi spagnuoli di mano di Pietro Bembo e di Lucrezia Borgia serbati da un codice ambrosiano"; A. Farinelli, *Italia e Spagna*, Bd. 2, Turin 1929, S. 82; Maria Bellonci, „Lucrezia Borgia e Pietro Bembo", in: *Pan* 3 (1935), S. 354-384; *The Prettiest Love Letters of the World. Letters between Lucrezia Borgia & Pietro Bembo 1503 to 1519*, hg. von Hugh Shankland, London 1987; Bembo / Borgia, *La grande fiamma. Lettere 1503-1517*. Die Beziehung zwischen Bembo und Lucrezia wurde überdies in einigen literarischen Werken – beispielsweise Conrad Ferdinand Meyer, *Angela Borgia* sowie Jean Briggs, *The flame of the Borgias* (1974) – thematisiert.

[14] Teza, „Otium Senese. Lettere a Giosuè Carducci".

[15] Rajna, „I versi spagnuoli di mano di Pietro Bembo e di Lucrezia Borgia serbati da un codice ambrosiano". Vgl. hier auch die im folgenden erwähnten (und sämtlich überprüften) Quellenbelege.

hat es – mit der gebührenden Einschränkung – durchaus seine Berechtigung, wenn Muratori angesichts der spanischen Verse Bembos erklärt, daß der Italiener sich hier Geist und *agudeza* der spanischen Lyrik derart zu eigen gemacht habe, daß man den Stil seiner spanischen Gedichte kaum mit der Leichtigkeit seiner italienischen Lyrik in Verbindung bringen würde.[16]

Nicht allein Bembos spanische Notizen, sondern auch einige seiner Gedichte in italienischer Sprache sind spanischen Vorlagen zugeordnet worden. Auf die Übereinstimmung zweier wiederholt Bembo zugeschriebener Capitoli mit italienischsprachig überlieferten Versen Tapías hat Paolo Savj-Lopez hingewiesen.[17] Wenn man die Chronologie der Drucklegungen – die entsprechende Edition des *Cancionero general* erscheint 1526/27, die erste Ausgabe von Bembos *Rime* 1530 – und die so aus zeitlichen Gründen geringe Wahrscheinlichkeit berücksichtigt, daß Tapía Gedichte Bembos in Manuskriptform eingesehen haben könnte, spricht einiges für die von Savj-Lopez vertretene Ansicht, daß Bembo die ihm als Abschrift zugänglichen Verse Tapías lediglich in ihrer Graphie überarbeitet hat. Carlo Dionisotti betont allerdings – ohne dies näher zu belegen – in seiner Ausgabe der *Rime* Bembos, daß für *Dolce mal, dolce guerra e dolce inganno* Bembos Autorschaft als gesichert zu gelten habe.[18]

Dolce, e amaro destin che mi sospinse, das in der 1729 in Venedig erschienenen Ausgabe der Werke Bembos[19] enthalten ist, wird indes in allen neueren Editionen der *Rime* stillschweigend übergangen. Ohne eine eingehende Beschäftigung mit den Handschriften, die den verschiedenen Ausgaben des *Cancionero general* zugrundeliegen, wird die Frage des zeitlichen Vorrangs der Capitoli Bembos oder der „soneti" des *Cancionero* nicht befriedigend zu klären sein. Bembo kommt dabei als ursprünglicher Urheber der Gedichte aus

---

[16] Muratori schreibt hierzu: „Era egli giovane assai, quando scrisse tai versi per piacere ad una gran Principessa di nazione Spagnuola. Ora vestí egli cosí bene il genio della Poesia Spagnuola che alcuni di que' versi possono parer troppo acutamente pensati, e non figliuoli di chi con tanta leggadria scrisse in Italiano" (Muratori, *Della perfetta poesia italiana*, S. 394).

[17] Savj-Lopez, „Note sul Bembo", S. 292-293. Zu den Capitoli *Dolce mal, dolce guerra e dolce inganno* und *Dolce, e amaro destin che mi sospinse* – von Savj-Lopez eingesehen in der Ausgabe Toledo 1526 – vgl. *Cancionero general de Hernando de Castillo. Según la edición de 1511, con un apéndice de lo añadido en las de 1527, 1540 y 1557*, Bd. 2, Madrid 1882, S. 521-524 (Nr. 220 u. 221). Allerdings wird hier der erste Dreizeiler von Bembos Version von *Dolce, e amaro destin* als letztes Terzett des ersten Gedichtes (Nr. 220) wiedergegeben: Nr. 221 beginnt folglich mit dem Vers *Dolce e amar desire che al cuor dicese*.

[18] Bembo, *Prose della volgar lingua. Gli Asolani. Rime*, hg. von C. Dionisotti, S. 677 (Anm.).

[19] Bembo, *Opere*, Bd. 2, Venedig 1729, S. 48 (*Rime*).

chronologischen Gründen kaum in Betracht, falls man nicht die Möglichkeit erwägt, daß die im *Cancionero* enthaltenen Versionen unter Umständen Tapía nur irrtümlich anstelle eines anderen spanischen Dichters zugeordnet worden sein könnten.

Eine weitere spanische Vorlage für ein Gedicht Bembos – *Quand'io penso al martire* (*Asolani*, I,XIV), das bereits in der ersten Fassung der *Asolani* (1505) von Perottino vorgetragen wird – glaubt Carolina Michaëlis de Vasconcellos[20] in einer Juan Escrivá (dessen Bekanntschaft Bembo in Italien gemacht haben könnte) zugeschriebenen Fassung der Redondilla *Ven, muerte, tan escondida* gefunden zu haben. Diese Überlegungen vertieft Giovanni Battista Grassi-Privitera in einer von der späteren Forschungsliteratur nicht berücksichtigten Studie,[21] in welcher er die auf dem Bild eines durch Liebesglut hervorgerufenen Rollenwechsels zwischen Liebe und Tod sowie auf der Vorstellung von einer wiederbelebenden Wirkung der Todesnähe basierenden Parallelen zwischen *Ven, muerte* und *Quand'io penso al martire* in den größeren Zusammenhang des in Variationen in der antiken und in der modernen europäischen Literaturtradition nachzuweisenden Grundmotivs stellt. Trotz deutlicher Ähnlichkeiten zwischen Bembos Gedicht und verschiedenen italienischen, vornehmlich sizilianischen Beispielen vertritt auch Grassi-Privitera die Ansicht, daß Bembo *Ven, muerte* in einer spanischen Fassung, die er jedoch nicht Escrivá zuordnet, bekannt gewesen sein muß. Durch einige spanische Nachdichtungen von *Quand'io penso al martire* wird die intertextuelle Verflechtung zwischen spanischer und italienischer Motivtradition schließlich noch weiter intensiviert.

Die eindeutigste spanische Anregung für ein italienischsprachiges Gedicht Bembos bildet die bereits erwähnte, ihm durch Lucrezia Borgia übermittelte Copla *Crió el cielo y el mundo Dios*. In einem Brief an Lucrezia vom 18. Oktober 1503 berichtet er von seinen Schwierigkeiten bei der Wiedergabe dieser Copla in italienischer Sprache; sein ursprünglich vom spanischen Text ausgehendes Sonett – vermutlich handelt es sich um *L'alta cagion, che da principio diede*[22] – habe sprachlich und thematisch rasch eine andere Entwicklung genommen. So schreibt er: „Ho tentato di far Toscano il vostro *Crió el cielo i el mundo Dios*, ma non truovo modo di dire questa sentenza con alcuna mia sodisfazione in questa lingua, e massimamente in forma di Cobla,

---

[20] Carolina Michaëlis de Vasconcellos, „Historia de uma Canção peninsular: 'Ven muerte, tan escondida'", in: *Scritti vari di erudizione e di critica in onore di Rodolfo Renier*, Turin 1912, S.627-649 (v.a. S. 646-649).

[21] Giovanni Battista Grassi-Privitera, „Ven muerte" *e il Madrigale di Perottino negli Asolani del Bembo*. Estratto dalla Rivista *Il Solco*, Palermo 1915.

[22] Bembo, *Prose della volgar lingua. Gli Asolani. Rime,* hg. von C. Dionisotti, S. 538-539; vgl. hierzu die Anm. S. 538.

e con somiglianti parole. Tuttavia mando a voi un sonetto incominciato per dire quel suggetto, e poi torto ad altro camino, ché per quello andare con dignità del mio obietto non si potea: del quale sempre altissimamente parlare e io disidero e certo s'acconviene".[23]

Spärlich sind die überlieferten Aussagen Bembos hinsichtlich seiner Kenntnis und Bewertung spanischer Literatur. In den *Prose della volgar lingua* (I,VIII) verweist er lediglich beiläufig auf die Bedeutung der provenzalischen Lyrik auch auf der Iberischen Halbinsel, so bei Alfons II. von Aragón (1152-1196).[24] Knappe Erklärungen zu seinen Schwierigkeiten bei der Übersetzung spanischer Verse ins Italienische finden sich zudem in zwei Briefen an Lucrezia Borgia. Präziser als in dem bereits erwähnten Brief vom 18. Oktober 1503 über den Versuch der Nachdichtung von *Crió el cielo* benennt Bembo in einem Schreiben vom 3. Juni desselben Jahres den Gegensatz von anmutiger Lieblichkeit der spanischen Lyrik und ernster Reinheit der toskanischen Sprache, d.h. also eine sprach- und literaturinhärente Inkompatibilität, als Hauptursache für unbefriedigende Übertragungen: „Ma tuttavia essa gli fa riverenza, e conosce chiaro che le vezzose dolcezze degli Spagnuoli ritrovamenti nella grave purità della toscana lingua non hanno luogo, e se portate vi sono, non vere e natie paiono, ma finte e straniere".[25]

Ausführlicher würdigt Bembo nur Garcilaso de la Vega, dem im zeitgenössischen Dialog zwischen Spanien und Italien herausragende Bedeutung zukam. Der Spanier hatte ihm während seines Italienaufenthaltes einige seiner Dichtungen, darunter eine mit persönlicher Widmung (möglicherweise die Ode *Sedes ad cyprias Venus*) als Ausdruck seiner besonderen Wertschätzung zukommen lassen.[26] Vermittler dieses Kontaktes waren der neapolitanische Augustinerpater Girolamo Seripando und der Benediktiner Onorato Fascistello. Erhalten sind in diesem Kontext nur ein Brief Bembos an Fascistello vom 10. August 1535,[27] sein den *Epistolae familiares* zugerechneter Brief an

---

[23] Bembo, *Lettere*, hg. von E. Travi, Bd. 1, S. 163 (Nr. 173). – Überdies sei erwähnt, daß die in Bembos *Rime, Stanze* und *Carmina* mehrfach verwandte spanische Toponymik – so in den Gegensätzen Indien-Spanien, Ganges-Ebro – gänzlich im Rahmen konventioneller geographischer Bildlichkeit bleibt.

[24] Bembo, *Prose della volgar lingua. Gli Asolani. Rime*, hg. von C. Dionisotti, S. 90.

[25] Bembo, *Lettere*, hg. von E. Travi, Bd. 1, S. 144 (Nr. 151).

[26] Zu den Beziehungen zwischen Bembo und Garcilaso vgl. Elena Valori, „La fortuna del Bembo fuori d'Italia", in: *Rivista delle biblioteche e degli archivi* 19 (1908), S. 67-82 (vgl. v.a. S. 79-80); R.O. Jones, „Bembo, Gil Polo, Garcilaso. Three accounts of love", in: *Revue de littérature comparée* 40 (1966) S. 526-540; Luisa López-Grigera, „Notas sobre las amistades italianas de Garcilaso: un nuevo manuscrito de Pietro Bembo", in: *Homenaje a Eugenio Asensio*, Madrid 1988, S. 291-309.

[27] Bembo, *Lettere*, hg. von E. Travi, Bd. 3, S. 607-608 (Nr. 1707).

Garcilaso vom 26. August 1535[28] sowie einige erst vor wenigen Jahren von Luisa López-Grigera[29] in der British Library (Mss. Add. 10248) entdeckte Manuskriptseiten. In beiden Briefen erwähnt Bembo die begeisterte Aufnahme Garcilasos in Neapel und stellt ihn weit über die übrigen spanischen Lyriker. Garcilaso könne, so heißt es, durchaus in einen für beide Seiten anspruchsvollen Wettstreit mit den Dichtern Italiens treten, wenn Bembo auch implizit deutlich werden läßt, daß die Werke des Spaniers die italienische Lyrik zwar zu fruchtbarer *aemulatio* beflügeln, letztlich aber wohl doch nicht den Rang italienischer Dichtkunst völlig erreichen könnten. Der an Garcilaso gerichtete Brief bildet im übrigen eine Mischung aus *epistola laudatoria* und Empfehlungsschreiben: Bembo bittet Garcilaso, seinen politischen Einfluß zugunsten der Familie Fascistello geltend zu machen. Die Londoner Manuskriptfassung dieses Briefes, bei der es sich, wie Luisa López-Grigera annimmt, um das tatsächlich an Garcilaso übersandte Exemplar handelt, wird ergänzt durch eine dem Spanier gleichsam als Dankesleistung gewidmete Abschrift von Bembos *Priapus*. Ob das gleichfalls im Londoner Manuskript enthaltene, jedoch von anderer Hand eingetragene Epitaphium für Garcilaso einen bislang unbekannten Text Bembos darstellt, ist noch nicht hinreichend geklärt.

Vielfältiger als die wenigen erhaltenen Dokumente über Bembos Beziehungen zur spanischen Literatur sind seine dokumentarisch belegten Berührungen mit dem in weitestem Sinne politischen Spanien bzw. dem spanisch-habsburgischen Kaisertum. Vor allem Bembos Korrespondenz[30] legt hiervon reichhaltig Zeugnis ab. Vor dem Hintergrund des auf italienischem Boden ausgetragenen Gegensatzes zwischen Frankreich und Spanien, der für die italienischen Mächte – namentlich das Papsttum und die Republik Venedig – ein beständiges Taktieren zwischen den zentralen Bündnisoptionen Frankreich, Spanien und Kaisertum bedeutet, nimmt Bembo vor allem als kirchlicher Würdenträger am politischen Geschehen seiner Zeit teil. Bereits im Jahr 1508 war er mit einer ersten Pfründe des Johanniterordens, der Kommende San Giovanni in Bologna, ausgestattet worden und hatte so, wenn er auch nicht vor 1522 offiziell in den Orden eintrat, wesentliche Weichen für eine kirchliche Laufbahn gestellt. Als italienischer Angehöriger des Johanniterordens, dessen ungarisches Priorat er seit den 1520er Jahren beanspruchte,

---

[28] Ebd., S. 612-614 (Nr. 1711).
[29] López-Grigera, „Notas sobre las amistades italianas de Garcilaso: un nuevo manuscrito de Pietro Bembo".
[30] Von Interesse sind hier v.a. folgende Editionen: Bembo, *Lettere*, hg. von Ernesto Travi, 4 Bde., Bologna 1987-1993. *Lettere da diversi re e principi e cardinali e altri uomini dotti a Mons. Pietro Bembo scritte*, (Ristampa anastatica dell'ed. Sansovino, 1560), hg. von Daria Perocco, Sala Bolognese (Arnaldo Forni) 1985.

unterstand Bembo dem Großmeister der Johanniter in Neapel, ein Faktum, das neben anderen seine verhältnismäßig zahlreichen Kontakte im nunmehr zur spanischen Krone gehörenden Königreich Neapel plausibel erklärt. Sein entsprechender Briefwechsel – beispielsweise mit den spanischen Vizekönigen von Neapel und Sizilien, dem Großmeister seines Ordens, aber auch mit einzelnen Klerikern – reicht inhaltlich von Empfehlungsschreiben für Freunde in kirchlichen und weltlichen Angelegenheiten, Klagen über geringe oder ausbleibende Einkünfte aus seinen Pfründen bis hin zu Weinlieferungen für seinen persönlichen Bedarf.

Als Sekretär Leos X. Medici ist Bembo nicht nur für die Abfassung der politischen Korrespondenz des Papstes – darunter Briefe an Ferdinand den Katholischen und Karl V. – zuständig und hierdurch zwangsläufig mit dem europäischen Geschehen vertraut, sondern wird auch 1514 in diplomatischer Mission in seine Heimatstadt Venedig entsandt, um ein Bündnis zwischen Frankreich und der Serenissima zu verhindern. Allerdings bleibt seine zu diesem Zweck verfaßte *Proposta al Prencipe M. Leonardo Loredano et alla Signoria di Vinegia per nome di Papa Leon Decimo* ohne die angestrebte Wirkung.[31]

Wenn Bembo im folgenden auch nicht mehr mit aufsehenerregenden diplomatischen Gesandtschaften betraut wird, belegt doch eine Vielzahl von Andeutungen in seiner Korrespondenz, daß er eine wichtige Schaltstelle politischer Informationen war, eine Funktion, deren erfolgreiche Ausübung durch 0seine klerikalen ebenso wie durch seine humanistischen Kontakte begünstigt wurde. So steht er mit Navagero und Castiglione in brieflicher Verbindung, als diese sich in venezianischem bzw. päpstlichem Auftrag in Spanien aufhalten; enger noch ist sein Kontakt zu dem zeitweilig in Frankreich weilenden Sadoleto. Bembos langjähriger Sekretär und Protégé, der spätere apostolische Protonotar Pedro Lope(z) de Ávila (Pietro di Avila), stammt sogar selbst aus Spanien und dürfte für seinen väterlichen Freund diverse entsprechende Verbindungen in seinem Heimatland geknüpft oder zumindest erleichtert haben.

Die persönliche Einstellung Bembos gegenüber Spanien, das im Italien des Cinquecento vielfach lediglich als unerwünschte Besatzungsmacht empfunden wurde, ist indes in den überlieferten Quellen kaum eindeutig auszumachen.[32] Eine vorsichtige Zurückhaltung bei der Bewertung politischen

---

[31] Bembo, *Opere in volgare*, hg. von Mario Marti, Florenz (Sansoni) 1961, S. 593-615, 987-994. Zur venezianischen Mission Bembos vgl. Vittorio Cian, „A proposito di un'ambasciería di M. Pietro Bembo (dicembre 1514). Contributo alla storia della politica di Leone X nei suoi rapporti con Venezia", in: *Archivio Veneto* n.s. an. XV, T. XXX,1 (1885) S. 355-392, T. XXXI,1 (1886), S. 71-115.

[32] A. Farinelli, *Italia e Spagna*, Bd. 2, S. 175 verweist allerdings auch auf Bembos Abneigung gegenüber Spanien.

Geschehens kennzeichnet seine größtenteils zur Veröffentlichung bestimmten Werke in gleicher Weise wie die seit 1530 im Auftrag der Republik Venedig zunächst in ciceronianischem Latein abgefaßte und schließlich von ihm selbst ins Italienische übertragene *Historia Viniziana*. Dieses zwölfbändige Geschichtswerk, das an die venezianische Geschichte Sabellicos anschließt und zu einem wesentlichen Teil auf den Aufzeichnungen Sanudos basiert, schildert detail- und kenntnisreich die Geschichte Venedigs und zugleich Italiens in den Jahren 1487-1513.[33] Bembos Verfahren ist hierbei weitgehend annalistisch; Analysen und Charakterisierungen, wie sie bei anderen italienischen Historikern seiner Zeit bereits zu finden sind, fehlen fast völlig. So nehmen – im Unterschied zu vorherrschenden, u.a. bei Machiavelli und Guicciardini nachzuweisenden Tendenzen italienischer Historiographie[34] – Ferdinand und Isabella als spanisches Herrscherpaar bei ihm kaum Kontur an; unter den Vertretern Spaniens wird lediglich der in Venedig sehr geschätzte Feldherr Gonsalvo de Córdoba als „uom di grande animo e di molta virtù" besonders hervorgehoben.[35] Dennoch ergibt sich bei einer ersten Lektüre der *Historia Viniziana* und der Korrespondenz der Eindruck, daß Bembo – trotz wechselnder Bündnisoptionen seiner politischen Bezugspunkte Papsttum und Venedig – Spanien und mithin auf Dauer das Kaisertum dem Königreich Frankreich vorgezogen hat. Dies läßt sich zumindest seit den 1520er Jahren gewiß auch ein wenig durch private Interessen Bembos erklären: Für die Durchsetzung beispielsweise seiner Ansprüche auf das Priorat des Johanniterordens in Ungarn, die Gegenstand zahlreicher seiner Briefe sind, bedurfte er der wohlwollenden Unterstützung durch das spanisch-habsburgische Kaisertum. Entspre-

---

[33] Für den lateinischen Text vgl. Bembo, *Opere del Cardinale Pietro Bembo*, Venedig (Hertzhauser) 1729 (ND Ridgewood, N. J. 1965), Bd. 1. Die in dieser Ausgabe dem lateinischen Text gegenübergestellte italienische Version entspricht allerdings nicht Bembos eigenem „volgarizzamento". Vgl. zu Bembos italienischer Fassung zuletzt *Della Istoria Viniziana di M. Pietro Bembo cardinale da lui volgarizzata libri dodici secondo l'originale pubblicati*, 2 Bde., Mailand 1809. Zur Leistung Bembos als Historiograph s. auch Carlo Lagomaggiore, „*L'Historia Viniziana* di M. Pietro Bembo. Saggio critico con documenti inediti", in: *Nuovo Archivio Veneto* n.s. an. IV, T. VII,1 (1904), S. 5-31, T. VII,2 (1904), S. 334-372, T. VIII,1 (1904), S. 162-180, T. VIII,2 (1904), S. 317-346, T. IX,1 (1905), S. 33-113, IX,2 (1905), S. 308-340; E. Fueter, *Geschichte der Neueren Historiographie*, München / Berlin 1911, S. 35-37.

[34] Vgl. Marina Marietti, „La figure de Ferdinand le Catholique dans l'œuvre de Machiavel: naissance et déclin d'un mythe littéraire", in: *Présence et influence de l'Espagne dans la culture italienne de la Renaissance. Machiavel. Guichardin. Castiglione. Calmo. La troisième personne de politesse*, Paris 1978, S. 9-54; Marcel Gagneux, „L'Espagne des rois catholiques dans l'œuvre de François Guichardin", ebd., S. 55-112; Francesco Giunta, „Italia e Spagna nelle cronache italiane dell'epoca dei re Cattolici", in: *Quaderni catanesi di studi classici e mediavali* 5 (1983), S. 423-460.

[35] Bembo, *Della Istoria Viniziana*, Bd. 1, S. 183, 331.

chend lassen sich bei den Huldigungen in den an Kaiser Karl V. sowie an dessen Untergebene gerichteten Briefen konventionelle Rhetorik, diplomatische Notwendigkeit und tatsächliche Überzeugung nicht deutlich voneinander unterscheiden. Es sei überdies erwähnt, daß Karl V. seinerseits Bembo 1539 durch seinen Botschafter in Venedig, Lope de Soria, seine Glückwünsche zur Kardinalswahl übermitteln ließ.

Das lebhafteste Interesse Bembos fand ein anderer Aspekt spanischer Weltpolitik, nämlich die Entdeckung Amerikas. Wie viele Humanisten begeisterte er sich für die vermeintliche Wiederauffindung von seit der Antike 'verschollenen' Gebieten und Völkern. Auffallend ist im 6. Buch der *Historia Viniziana* ein mit luziden wirtschaftlichen Analysen verbundener Bericht über die portugiesischen und spanischen Entdeckungen sowie die Beschreibung Kubas und Haitis.[36] Die Inhalte dieses ihm besonders wichtigen Abschnittes hat Bembo nach eigenen Angaben vor allem aus Gonzalo Fernández de Oviedos 1534 von Ramusio ins Italienische übersetztem *Sumario de historia natural de las Indias* übernommen. Anders als der für seine Indianerfeindlichkeit bekannte Oviedo idealisiert Bembo jedoch in humanistischer Manier die Eingeborenen als die wahren Menschen des Goldenen Zeitalters, ein Ansatz, der vermutlich auf seine Kenntnis einiger ebenfalls ins Italienische übersetzter Berichte des in spanischen Diensten stehenden Mailänders Pietro Martire d'Anghiera zurückgeht.[37] Die Entdeckung Amerikas hält er für die größte von Menschen erbrachte Leistung aller Zeiten, der auch im Rahmen seiner *Historia Viniziana* eine kurze Darstellung gebühre: „E posciachè a questo luogo il corso della mia istoria m'ha condotto; stimo convenevole essere, quale di questo fatto, che di tutti quelli, che alcuna età ha giammai veduti, è il maggiore e il più bello, sia stato il cominciamento; e ancora qual della terra parte appresso a questo, e quai genti, e come costumate trovate state siano, per quanto la convenevolezza di questa mia impresa opera il permette, brievemente dover racontare".[38]

Das von Ramusio herausgegebene Werk Oviedos hat Bembo mit besonderer Aufmerksamkeit gelesen und den Übersetzer bereits 1535 auf eine un-

---

[36] Ebd., Bd. 1, S. 347-363.
[37] Zu Bembos Informationsquellen über die Neue Welt und insbesondere sein Verhältnis zu Oviedo (mit genauen Angaben zur diesbezüglichen Korrespondenz) vgl. Lagomaggiore, „*L'Historia Viniziana* di M. Pietro Bembo"; Stefano Grande, „Le relazioni geografiche fra P. Bembo, G. Fracastoro, G. B. Ramusio, G. Gastaldi", in: *Memorie della Società Geografica Italiana* 12 (1905) S. 93-197; Eugenio Asensio, „La carta de Gonzalo Fernández de Oviedo al Cardenal Bembo sobre la navegación del Amazonas", in: *Revista de Indias* IX (1949), S. 569-577; Stelio Cro, „Alle origini della storiografia moderna: il carteggio Bembo Oviedo", in: *Spicilegio moderno* 10 (1978), S. 42-52.
[38] Bembo, *Della Historia Viniziana*, Bd. 1, S. 348.

realistische Zahlenangabe hingewiesen. Durch Vermittlung Ramusios steht Bembo seit 1538 in persönlichem Briefwechsel mit Oviedo, der ihm 1543 aus Santo Domingo einen in spanischer Sprache verfaßten Bericht über die Beschiffung des Rio Marañon zusendet. Dieser Brief, dessen lange unauffindliches spanisches Original von Eugenio Asensio in der Biblioteca Vaticana (misc. Barber. Lat. 3.619) wiederentdeckt worden ist, wurde wiederum in italienischer Übersetzung von Ramusio in den dritten Band seiner *Navigationi et Viaggi* aufgenommen. Auch Damião de Góis – Bembo pflegte Kontakt zu den portugiesischen Humanisten André de Resende, Jorge Coelho und Damião de Góis – wird durch Bembos Bitte dazu veranlaßt, einen lateinischen Bericht über die asiatischen Unternehmungen der Portugiesen und die heroische Verteidigung von Diu zu veröffentlichen. Für dieses Werk, *De bello Cambaico*, bekundet er ebenso Anteilnahme wie für die afrikanische Sittenschilderung *Fides, religio, moresque Aethiopum* desselben Autors.[39]

Wenn man nach der vorangegangenen Darlegung der spanienbezogenen Kenntnisse und Kontakte Bembos nun die Fragestellung umkehrt und den Spuren seiner Wirkung in Spanien bzw. in spanischen Quellen nachgeht, so zeigt sich, daß Bembo für seine spanischen Zeitgenossen zweifellos zu den bekanntesten Vertretern des italienischen Geisteslebens zählt. Dabei erlangt zunächst vor allem der Humanist – und zugleich Kleriker – Bembo größere Bedeutung. So bitten ihn im Jahr 1520 aus Spanien bzw. Portugal stammende Augustinermönche, Gesandte Kaiser Karls V., um Vermittlung bei ihrer Aufnahme unter die *magistri* ihres Ordens.[40] Einige Jahre später läßt Bembo einem Humanisten aus der Umgebung des Kaisers Abschriften seiner lateinischen Dialoge zukommen.[41] Auch die Erlesenheit von Bembos Bibliothek in Padua wird allgemein gerühmt. Der Dichter und Diplomat Diego Hurtado de Mendoza beispielsweise bekundet sein Interesse daran, Werke von Aristoteles und Xenophon aus dem Besitz des Kardinals auszuleihen.[42] Auch von der Abfassung der *Historia Viniziana* – einer Arbeit, die später der von Farinelli zitierte Bachiller de Arcadia spöttisch kommentiert[43] – hat man, wie 1546 aus einem Schreiben von Juan Paez de Castro an Jéronimo de Zurita hervorgeht, bereits vor der ersten Drucklegung des Werkes Kenntnis.[44]

---

[39] Zum Verhältnis zwischen Bembo und Damião de Góis vgl. Guido Battelli, „Un grande umanista portoghese. Damiano di Goes e la sua corrispondenza col Sadoleto e col Bembo", in: *Bibliofilia* 42 (1940), S. 366-377.
[40] Bembo, *Lettere*, hg. von E. Travi, Bd. 2 (1990), S. 151 (Nr. 405).
[41] Ebd., Bd. 3 (1992) S. 100 (Nr. 1045).
[42] Vgl. Pierre de Nolhac, *La bibliothèque de Fulvio Orsini*, Paris 1887, S. 105 (Anm.).
[43] Farinelli *Italia e Spagna*, Bd. 2, S. 180-181 (Anm.).
[44] Vgl. de Nolhac, *La bibliothèque de Fulvio Orsini*.

Die italienischsprachigen Werke Bembos werden ebenfalls schon zu Lebzeiten des Verfassers in Spanien rezipiert und üben noch bis zum Beginn des folgenden Jahrhunderts intensive Wirkung aus. Als Verfechter der neuplatonischen Liebesphilosophie findet Bembo sowohl durch seine 1505 erstmals erschienenen *Asolani* als auch im Zusammenhang mit Castigliones – von Boscán ins Spanische übersetztem – *Cortegiano* besondere Beachtung. Seine Auffassung von der Liebe prägt die Lyrik bei Garcilaso de la Vega[45] und Fernando de Herrera.[46] Die Aussagen Bembos in den *Asolani* sowie die der Figur Bembo im *Cortegiano*, in dem wiederum auch Ansichten aus Diego de San Pedros *Cárcel de Amor* verarbeitet wurden,[47] sind dabei zumeist nur schwer voneinander zu unterscheiden und werden von den spanischen Autoren in eklektizistischer Manier mit liebesphilosophischen Theorien anderer Provenienz verbunden. Diese eklektizistische Übernahme von Bembos Liebesphilosophie zeigt sich, wie in zahlreichen Studien nachgewiesen werden konnte, in besonderem Maße in Gaspar Gil Polos *Diana enamorada*[48] und der *Galatea* von Cervantes,[49] wo in teilweise fast wörtlicher Übereinstimmung ganze Abschnitte den *Asolani* entstammen.

Als einziges Werk Bembos erschienen die *Asolani* 1551 in einer bei Andrea de Portonaris in Salamanca verlegten Übersetzung, der die erste Textfassung aus dem Jahr 1505 zugrundeliegt, ohne daß hierbei, wie der Übersetzer in seinem „Nachwort" betont, immer streng der Aufbau der italienischen Vorlage beibehalten wird. In dem Widmungsbrief wird der an keine Nation gebundene bildende Charakter der Dialoge gerühmt: „Sè dice *Asolanos* de Petro Bembo, autor tan docto cuan elocuente, trasladado nuevamente del toscano al castellano, obra digna de que todos los hombres de cualquier nación gocen de ella, principalmente caballeros, a quienes es dado preciarse

---

[45] Vgl. Jones, „Bembo, Gil Polo, Garcilaso".
[46] Vgl. Adolphe Coster, *Fernando de Herrera (el Divino) 1534-1597*, Paris 1908.
[47] Vgl. José Guidi, „L'Espagne dans la vie et dans l'œuvre de B. Castiglione: de l'équilibre franco-hispanique de son choix impérial", in: *Présence et influence de l'Espagne*, S. 157 (Anm.).
[48] Vgl. Jones, „Bembo, Gil Polo, Garcilaso".
[49] Vgl. u.a. Francisco López Estrada, „La influenza italiana en la *Galatea* de Cervantes", in: *Comparative Literature* 4 (1952), S. 161-169; Geoffrey Stagg, „Plagiarism in *La Galatea*", in: *Filologia Romanza* 6 (1959), S. 255-276; Jones, „Bembo, Gil Polo, Garcilaso"; Kenneth P. Allen, „Cervantes' *Galatea* and the *Discorso intorno al comporre dei romanzi* of Giraldi Cinthio", in: *Revista Hispánica Moderna* 39,1-2 (1976/77), S. 52-68.

de bien hablados, preciosos y cortesanos para con todos, especialmente con las damas".[50]

In leicht überarbeiteter Fassung wurde diese Übersetzung 1990 in einer zweisprachigen Textedition noch einmal von José-María Reyes Cano herausgegeben.[51]

Die *Asolani* wurden nicht allein als liebestheoretisches Konzept rezipiert, boten doch auch die in ihnen enthaltenen und sämtlich in die *Asolanos* übernommenen Gedichte den petrarkisierenden Dichtern Spaniens[52] Grundlagen für eine getreue, amplifizierende oder auch bewußt verändernde Nachahmung. Die nur in die erste Fassung der *Asolani* aufgenommene Canzone *Solingo augello se piangendo vai* findet sich in zwei unterschiedlichen Versionen in Sonettform sowohl im *Cancionero general* von 1554[53] (*Triste avezilla que te vas llorando*) als auch bei Gutierre de Cetina (*Triste avecilla que te vas quejando*).[54] Zum Gegenstand einer von der *aemulatio* bestimmten Form der *imitatio* wird Bembos doppelte Sestine *I più soavi e riposati giorni* (*Asolani* I,XXIV), wie Kenneth P. Allen[55] dargelegt hat, bei Cervantes, der in seiner *Galatea* Bembos Vorlage durch Austausch einiger Schlüsselwörter und Umkehrung der Aussage zu einer neuen Sestine (und zwar *En aspera, cerrada, escuera noche*) verarbeitet hat. Dabei bediente er sich, wie Allen feststellen konnte, genau desselben Verfahrens, das, gemäß der Beschreibung in Giraldi Cinzios *Discorso intorno al comporre romanzi* (1554), von Petrarcas *Mia benigna fortuna e'l viver lieto* (*Canz.* 332) zu Bembos Sestine geführt hatte. Perottinos *Quand'io penso al Martire* (*Asolani* I,XIV), auf dessen möglicherweise spanische Ursprünge bereits hingewiesen wurde, wird in sehr

---

[50] Zitiert nach der geringfügig überarbeiteten, von Reyes Cano edierten Neuauflage der spanischen Übersetzung: Bembo, *Gli Asolani. Los Asolanos*, hg. von José-María Reyes Cano, Barcelona (Bosch) 1990, S. 49.

[51] Ebd. – Vgl. hierzu auch Reyes Cano, „Sobre el diálogo filográfico en el Renacimiento: los Asolanos de Pietro Bembo", in: *Homenaje al profesor Antonio Vilanova*, Bd. 1, Barcelona 1989, S. 541-559.

[52] Zum spanischen Petrarkismus vgl. Joseph G. Fucilla, *Estudios sobre el petrarquismo en España* (*RFE*, Anejo 72), Madrid 1960; Gerhart Hoffmeister, „Spanischer Petrarkismus", in: ders.: *Petrarkistische Lyrik*, Stuttgart 1973, S. 35-39; Bernhard König, „Liebe und Infinitiv. Materialien und Kommentare zur Geschichte eines Formtyps petrarkistischer Lyrik (Camões, Quevedo, Lope de Vega, Bembo, Petrarca)", in: Klaus W. Hempfer / Enrico Straub (Hg.), *Italien und die Romania in Humanismus und Renaissance. Festschrift für Erich Loos zum 70. Geburtstag*, Wiesbaden 1983, S. 76-101; María Pilar Manero Sorolla, *Introducción al estudio del petrarquismo en España*, Barcelona 1987.

[53] Vgl. Fucilla, *Estudios sobre el petrarquismo en España*, S. 17.

[54] Ebd., S. 39-40.

[55] Allen, „Cervantes' *Galatea* and the *Discorso intorno al comporre dei romanzi of Giraldi Cinthio*".

freier Form in Luis Barahona de Sotos *Cuando las penas miro* nachgeahmt;[56] regelrechte Übersetzungen finden sich bei dem Portugiesen Duarte Diaz[57] und vor allem als *Amor, cuando y pienso* im *Don Quijote* (II,68).[58] Bei Cervantes wird in diesem Zusammenhang so deutlich mit der Bekanntheit seiner Quelle gespielt, daß man ihn vom Vorwurf des Plagiats, der ihm bisweilen gemacht wurde, gewiß freisprechen kann. Im Bereich der Lyrik, die, ganz im Geiste des sogenannten *bembismo*, nach Gutdünken mit suggestiven Versatzstücken – von Einzelversen bis hin zu ganzen Strophen – umgeht, erweist sich der literarische Dialog zwischen Spanien und Italien, der einem regen Wechsel von Geben und Nehmen gleichkommt, folglich als besonders wirksam. Dies bedeutet allerdings auch, daß die sichere Identifikation der ursprünglichen Quelle oftmals erheblich erschwert wird.

Die Vertreter der verschiedenen spanischen Petrarkistengenerationen rekurrieren selbstverständlich auch auf Bembos 1530 erstmals erschienene und teilweise in Anthologien italienischer Lyrik aufgenommene *Rime*.[59] Bembos eigene Theorie von der Nachahmung eines „modello ottimo" wird hierbei vielfach mit eklektizistischen *Imitatio*-Verfahren kombiniert. Der Italiener selbst vertritt sowohl den ernsthaften, zumeist mit seiner Person in Verbindung gebrachten Petrarkismus als auch dessen scherzhafte Variante in der Tradition der Quattrocentisten. Neben den *Rime* stehen, wenn auch vielleicht in der Wertschätzung durch den Autor nicht gleichberechtigt, die *Stanze*, die in Spanien durch Francisco de la Torre (*En el lumbroso y lucido oriente*)[60]

---

[56] Vgl. u.a. Eugenio Mele, „Il Cervantes traduttore d'un madrigale del Bembo e di un' ottava del Tansillo", in: *Giornale storico della letteratura italiana* 34 (1899), S. 457-460; Michaëlis de Vasconcellos, „Historia de uma Canção peninsular: *Ven muerte, tan escondida*", S. 647; Fucilla, *Estudios sobre el petrarquismo en España*, S. 160; G. B. Palacín, „Sobre el madrigal de Pietro Bembo incluido en el *Quijote*", in: *Modern Language Journal* 46 (1962), S. 205-207.

[57] Vgl. Michaëlis de Vasconcellos, „Historia de uma Canção peninsular: *Ven muerte, tan escondida*", S. 646-647; Palacín, „Sobre el madrigal de Pietro Bembo incluido en el *Quijote*".

[58] Vgl. Mele, „Il Cervantes traduttore d'un madrigale del Bembo e di un' ottava del Tansillo"; Valori, „La fortuna del Bembo fuori d'Italia", S. 68; Stagg, „Plagiarism in *La Galatea*", S. 261-263; Fucilla, *Estudios sobre el petrarquismo en España*, S. 177; Palacín, „Sobre el madrigal de Pietro Bembo incluido en el *Quijote*".

[59] Eine jahrhundertübergreifende Anthologie von spanischen Übersetzungen italienischer Gedichte, in der auch Bembo ein längerer Abschnitt gewidmet ist, gab Juan Luis Estelrich heraus: *Antología de poetas Líricos Italianos traducidos en verso castellano (1200-1889)*, Madrid / Palma 1889.

[60] Vgl. Mele, „Di alcune imitazioni e traduzioni bembiane di poeti spagnoli", in: *Fanfulla della Domenica*, an. XXVI (29 maggio 1904), S. 22.

übersetzt und von Juan Boscán[61] unter dem Titel *Octava rima* bzw. *En el lumbroso e fertil oriente* zu einer umfangreichen Amplifikation ausgestaltet wurden. Unter den ernsteren *Rime*, deren Nachahmung besonders beliebt war, überwiegen die als typisch italienisch empfundenen Sonette. Zu nennen sind hier vor allem *Crin d'oro crespo e d'ambra tersa e pura* (*Rime* V) in der Nachgestaltung bei Lomas Cantoral (*Cabellos de oro sobre nieve pura*),[62] *Con la ragion nel suo bel vero involta* (*Rime* LII) bei Hernando de Acuña (*Con la razón en su verdad envuelta*)[63] und Jorge de Montemayor (*Amor que de razón contrario ha sido*)[64] sowie *Sogno, che dolcemente m'ai furato* (*Rime* LXXVIII) bei Cetina (*¡Ay sabrosa ilusión, sueño suave*)[65] und Boscán (*Dulce soñar y dulce congoxarme*),[66] dessen Version wiederum von Montemayor (*¡Oh dulce sueño, dulce fantasía*)[67] aufgenommen wird. Wohl nicht allein auf Horaz (*O crudelis adhuc*), sondern zugleich auf Bembos Horaz-Paraphrase *O superba e crudele, o di bellezza* (*Rime* LXXXVII) geht Fernando de Herreras Sonett *O sobervia i cruel en tu belleza*[68] zurück. Eine Ballata Bembos – *Signor, quella pietà che ti constrinse* (*Rime* CLXV) – hat Fray Luis de León[69] unter dem Titel *Señor, aquel amor por quien forzado* übersetzt; das unter den Gedichten mit möglicherweise spanischem Ursprung bereits erwähnte Capitolo *Dolce mal, dolce guerra, e dolce inganno* findet sich bei Pedro de Padilla als *Dulce mal, dulce guerra, dulce engaño* in den *Eglogas Pastoriles*.[70] Wei-

---

[61] Ebd. – Zu Boscáns *Imitatio*-Theorie vgl. Anne J. Cruz, „La imitación del modelo óptimo: Petrarca, Bembo, Boscán y la *imitatio vitae*", in: *Revista Canadiense de Estudios Hispánicos* 13,2 (1989), S. 169-182.
[62] Vgl. Fucilla, *Estudios sobre el petrarquismo en España*, S. 125-126; König, „Liebe und Infinitiv", S. 98.
[63] Vgl. Fucilla, *Estudios sobre el petrarquismo en España*, S. 47-48.
[64] Ebd., S. 51.
[65] Vgl. Mele, „Di alcune imitazioni e traduzioni bembiane di poeti spagnoli"; Fucilla, *Estudios sobre el petrarquismo en España*, S. 31-32.
[66] Vgl. ebd., S. 4.
[67] Vgl. ebd., S. 51-52.
[68] *Obras de Garcilaso de la Vega con anotaciones de Fernando de Herrera*. Edición facsimilar, hg. von Antonio Gallego Morell, Madrid (CSIC) 1973, S. 182-183. – Vgl. hierzu auch Mele, „Di alcune imitazioni e traduzioni bembiane di poeti spagnoli"; Valori, „La fortuna del Bembo fuori d'Italia", S. 80; Fucilla, *Estudios sobre el petrarquismo en España*, S. 147 (Anm. 2).
[69] Vgl. Estelrich, *Antología de poetas Líricos Italianos traducidos en verso castellano (1200-1889)*, S. 78, 109-110; Mele, „Di alcune imitazioni e traduzioni bembiane di poeti spagnoli"; Aubrey F. G. Bell, *Luis de León (A Study of the Spanish Renaissance)*, Oxford 1925, S. 230; Farinelli, *Italia e Spagna*, Bd. 2, S. 91; Fucilla, *Estudios sobre el petrarquismo en España*, S. 82.
[70] Vgl. ebd., S. 175.

tere Bembo-Adaptationen oder auch nur Reminiszenzen hat die Forschung[71] bislang bei Garcilaso de la Vega, Gutierre de Cetina, Gregorio de Silvestre, Jéronimo de Heredia sowie Góngora nachzuweisen versucht. Zu Góngoras *Fábula de Polifemo y Galatea*[72] scheinen neben Anklängen an die *Rime* auch Spuren aus Bembos lateinischen *Carmina* auszumachen zu sein. Eine Art Nachzügler unter den spanischen Bembo-Übersetzungen ist das Rafael gewidmete Epitaphium, das im 18. Jahrhundert durch Fray Diego González aus dem Lateinischen übersetzt wurde.[73]

Einen wichtigen Beitrag für das Selbstverständnis des Spanischen als Literatursprache leisteten Bembos *Prose della volgar lingua*. Auffallend ist, daß man in Spanien die *Prose* – gemeinsam mit Castigliones *Cortegiano* – vornehmlich als Zusammenfassung der italienischen *questione della lingua* betrachtet hat. Übernommen werden vor allem Bembos Argumente für den im Vergleich zum Lateinischen zumindest gleichrangigen Gebrauch der Volkssprache, der allerdings aus der guten Kenntnis der lateinischen Sprache erhebliche Bereicherung erfahren könne. Juan de Valdés[74] bedient sich in seinem ausdrücklich in Bezug zu den *Prose* stehenden *Diálogo de la lengua*[75] ebenso dieser – natürlich nicht nur auf Bembo zurückgehenden – Überlegungen wie Fray Luis de León in *De los nombres de Cristo*,[76] Ambrosio de Morales im *Discurso sobre la lengua castellana*[77] und noch Cervantes im Vorwort zur *Galatea*.[78] Dabei ergibt sich, wie auch aus Carillo de Sotomayors *Libro de*

---

[71] Vgl. zu Garcilaso de la Vega: Valori, „La fortuna del Bembo fuori d'Italia", S. 78-80; Jones, „Bembo, Gil Polo, Garcilaso". Zu Gutierre de Cetina: Joseph G. Fucilla, „Two generations of Petrarchism and Petrarchists in Spain", in: *Modern Philology* 27 (1929/30), S. 281-282; ders., *Estudios sobre el petrarquismo en España*, S. 31-32, 36-37, 39-40. Zu Gregorio de Silvestre: ebd., S. 83. Zu Jéronimo de Heredia: ebd., S. 276-283.

[72] Vgl. Antonio Vilanova, *Las fuentes y los temas del* Polifemo *de Góngora*, 2 Bde., Madrid 1957, passim.

[73] Vgl. Estelrich, *Antología de poetas Líricos Italianos traducidos en verso castellano (1200-1889)*, S. 110; Mele, „Di alcune imitazioni e traduzioni bembiane di poeti spagnoli".

[74] Vgl. R. J. Nelson, „Lingüística quienientista. Las obras de Pedro Bembo, Sperone Speroni y Juan de Valdés. El Desarrollo de los idiomas vernáculos de España e Italia", in: *Thesaurus* 36,3 (1981), S. 429-456.

[75] Juan de Valdés, *Diálogo de la lengua*, hg. von Cristina Barbolani, Madrid 1982, S. 122.

[76] Vgl. Bell, *Luis de León (A Study of the Spanish Renaissance)*; Ramón Díaz, „*Los Nombres de Cristo* y Pietro Bembo, con un apunte sobre Marcela", in: *Modern Language Notes* 86,2 (1971), S. 199-210.

[77] Vgl. *Antología de elogios de la lengua española*, hg. von Germán Bleiberg, Madrid 1951, S. 50-51.

[78] Vgl. López Estrada, „La influenza italiana en la *Galatea* de Cervantes", S. 169.

la erudición poética[79] hervorgeht, für die spanischen Theoretiker die Notwendigkeit, das von Bembo und anderen Italienern benutzte *aemulatio*-Modell Griechisch-Lateinisch, Lateinisch-Italienisch auf das Verhältnis des Spanischen zum Lateinischen zu übertragen. Als nur ansatzweise verwertbar erweist sich aus spanischer Sicht Bembos Vorstellung vom „modello ottimo". Beschränkt sich Bembos Suche nach modellhaften Autoren auf mögliche Vorbilder in der lateinischen und italienischen Literatur, so bezieht sich für die spanischen Autoren des 16. Jahrhunderts das Prinzip von *imitatio* und *aemulatio* sowohl auf die lateinische als auch auf die italienische, d.h. eine fremde zeitgenössische Literatur in der Volkssprache, wie entsprechende theoretische Überlegungen[80] und die Praxis der spanischen Literatur bezeugen. Bembo seinerseits wird in diesem Zusammenhang als einer der hervorragendsten Vertreter der Literatur Italiens gerühmt. Wenig Bedeutung erlangen die *Prose* in Spanien hingegen auf dem Gebiet der systematischen Sprachbetrachtung, hatte doch Nebrija hier bereits wesentliche Grundlagen geschaffen.[81]

Die vorangehende Untersuchung macht deutlich, daß sich Bembos Dialog mit Spanien für fast alle Bereiche seiner Tätigkeit auf literarischem, politischem und wissenschaftlichem Gebiet nachweisen läßt und dort markante, wenn auch im Einzelfall nicht immer ganz eindeutig einzuordnende Spuren hinterlassen hat. Angesichts von Bembos exklusivem Literatur- und Kulturverständnis, das Raum im Grunde nur für das Griechische, Lateinische und Italienische läßt, darf man trotz seiner vielseitigen Berührungen mit Spanien, seiner vorsichtigen offiziellen Äußerungen und der intensiven Rezeption seiner Hauptwerke auf der Iberischen Halbinsel jedoch eines nicht übersehen: Seine Beziehung zu Spanien sowie seine spanische Rezeption sind letztlich von einer tiefen Zwiespältigkeit geprägt, wie aus zeitgenössischer Perspektive in dem von Fernando de Herrera formulierten Vorwurf in überspitzter Form deutlich wird: „¿Quien considera con sufrimiento el odio con que el Guiciardino condena a toda la nacion Española en el vituperio, que piensa que haze al marques de Pescara? que razon permite que llamen Bembo i Sabélico barbaros a los Españoles, siendo de una religion, de unas letras i casi de una lengua? no se desculpa Bembo con la imitacion antigua, que ya no tiene aora

---

[79] Vgl. Salvatore Battaglia, „Un episodio dell'estetica del rinascimento spagnolo: il *Libro de la erudición poética* di Luis Carillo", in: *Filologia romanza* 1 (1954), S. 26-58.
[80] *Obras de Garcilaso de la Vega con anotaciones de Fernando de Herrera*, hg. von A. Gallego Morell; *Equivocos morales del doctor Viana* (Auszug in: *Antología de elogios*, hg. v. G. Bleiberg, S. 105-108).
[81] Vgl. L. Kukenheim, *Contributions à l'histoire de la grammaire italienne, espagnole et française à l'époque de la Renaissance*, Amsterdam 1932.

lugar esta respuesta".[82] Auch in diesem Zusammenhang also erweist sich Bembo als ein ebenso zeittypischer wie origineller Vertreter seiner Nation. Wie seine italienischen Zeitgenossen scheint er gewisse Vorbehalte gegenüber Spanien nicht völlig unterdrücken zu können; behutsamer aber als diese läßt er Vorbehalte hinter einer diplomatisch-glatten Rhetorik verschwinden, deren Finesse jeden Ansatz zu einer deutlicher sich artikulierenden Kritik im Keim erstickt.

---

[82] *Obras de Garcilaso de la Vega con anotaciones de Fernando de Herrera*, hg. von A. Gallego Morell, S. 611.